에니어그램 의식발달과
영성지도

이 도서의 국립중앙도서관 출판예정도서목록(CIP)은 서지정보유통지원시스템 홈페이지 (http://seoji.nl.go.kr)와 국가자료종합목록 구축시스템(http://kolis-net.nl.go.kr)에서 이용하실 수 있습니다. (CIP제어번호 : CIP2020021932)

에니어그램
의식발달과 영성지도

제3의 에너지를 찾아서

한선이 지음

동연

영원한 그리움이자 영성의 길에 언제나 모범이 되어주신 부모님
한완섭 장로님과 박장연 장로님께 이 책을 바칩니다.

추 천 의 글

한선이 박사님의 오랜 경험과 깊은 통찰이 담긴 논문이 책으로 출판되는 것은 큰 기쁨입니다.

본서는 많은 점에서 독자들에게 도움을 주겠지만, 특별히 두 가지 점에서 큰 유익을 줄 것입니다. 첫째로 에니어그램은 일반적으로 개인의 성격적 특성에 관한 지혜를 주는 것으로 알려져 있지만, 본서는 이를 확장하여 어떤 성격유형이든지 발달과정을 밟는다는 점을 보여줍니다. 본서를 통하여 개인은 자신의 성격유형을 통찰하는 것뿐만 아니라 어떻게 성숙하여 가는지에 대해 배울 수 있을 것입니다. 둘째로 본서는 에니어그램을 영성의 영역으로 확장시켜 줍니다. 에니어그램 자체가 영성적 지혜를 갖고 있으므로 이는 자연스러운 일이겠지만, 본서는 특히 영성지도에 있어서 에니어그램이 어떻게 적용될 수 있을지에 대한 실천적 지혜를 담고 있습니다. 그러므로 본서는 에니어그램을 보다 깊게 이해하고자 하는 사람들에게 그리고 영성의 구체적 실천에 관심을 갖고 있는 사람들에게 많은 도움을 줄 것입니다.

홍영택, Ph.D.
감리교신학대학교 목회상담학 교수

추 천 의 글

에니어그램은 한 개인의 마음의 결을 잘 드러내는 인류 문화의 보배로운 한 가지 지혜이다. 리소의 의식발달 수준 이론은 개인의 마음의 층을 들여다보는 잘 정돈된 하나의 과학적 도구이다. 영성지도는 고산의 마천루 같고 대양의 심연 같은 한 개인의 영혼을 함께 탐색하며 하나님께 나아가는 대화이다. 한선이는 이 책에서 한 사람의 영혼과 마음과 의식에서 발생하는 복잡다단한 현상 하나하나를 소중하게 사랑으로 바라보며 서술했다. 또한 그녀는 하나님을 향한 여정에서 성장과 초월에 이르기를 기도하는 마음으로, 애니어그램과 의식발달 수준 이론을 섬세한 영성지도자가 효과적인 도구로 사용할 수 있도록 차곡차곡 잘 정리해놓았다. 이 책을 통해 한국에서 영성지도 사역이 진일보하였음을 확신하며 영성지도 사역에 직간접적으로 참여하는 목회자, 신학자 그리고 영성지도자들에게 일독을 권한다.

이강학, Ph.D.
횃불트리니티신학대학원대학교 영성신학 교수

머 리 말

　이 책은 에니어그램 의식발달 수준에 따른 영성지도에 관한 연구로서, 개인 내적·외적으로 전인성을 회복하기 위해서 에니어그램이 가지는 영성적 측면과 의식 수준의 발달적 측면을 살펴보고, 고찰들이 목회 돌봄의 현장에서 어떻게 적용할 것인지 모색하기 위한 것이다.

　필자는 이 책을 통해, 인간의 온전한 통합과 균형 안에서 전인성을 회복해 나아가는 데 인간의 의식발달 수준과 밀접한 연관이 되어있음을 주장하였다. 지금까지 에니어그램을 이용한 영성지도 방법은 수평적 성격유형에 따른 영성지도 접근 방법으로 온전한 인간 이해와 통합과 균형을 이루는 데 제한적이라는 사실을 확인하였다. 따라서 인간의 건강한 통합과 균형을 위해서 에니어그램 의식발달 수준별 영성지도 방법이 수반되어야 함을 강조하였다. 이를 위하여 리소의 에니어그램 의식발달 수준에 따라 인간의 의식발달을 건강한, 평범한, 건강하지 않은 의식발달 수준으로 구분하여 영성지도 방법을 제시하였을 뿐 아니라, 건강하지 않은 의식발달 수준에서의 영성지도 방법으로 의학적인 전문적 돌봄이 필요하다는 사실을 확인하였다. 특히 평범한 의식발달 수준에서의 영성지도는 에니어그램 성격유형을 타인과 관계하는 관점에 따라 의존형, 공격형, 위축형으로 구분하고, 구분된 유형에 따라 에너지의 불균형이 다르다는 점을 확인하였다. 이에 따라 이들이 가지는 공통된 제3의 에너지를 개발하는 것이 인간의 온전한 통합과 균형을 이루며, 더불어 의식발달 수준이 성장하는 데 중요한 역할을 한다는 점을 강조하였다. 이러한 사실은 의식발달 수준 성장이 인간의 진정한 본성 회복을 도울 뿐 아니라 전인성과 통합된 자기 초월로 성장해 갈 수 있는 방향과 필요성을 확인해 주었다.

이렇게 필자는 온전한 통합과 균형을 통해 자기 초월로 성장하기 위해서 의식발달 수준에 따라 차별화된 영성지도가 필요함을 촉구하고, 이에 따라 심리학과 영성의 조화로운 방법을 모색하므로 대안을 제시하였다. 또한 이 책은 개인의 의식발달 수준에 따른 구체적 영성지도 방법을 제시하였다는 데 의의가 있다. 앞으로 개인의 의식발달 수준에 따른 영성지도가 활발하게 적용되기 위한 방법들이 더 연구되어야 할 과제를 가지고 있다.

목회자이기도 하고 상담사이기도 한 나는 다양한 군상의 사람들을 만난다. 처음에는 목회자의 길을 걸어가면서 참 어려운 일들이 많았다. 그중에서도 사람들과 관련된 일은 이해하기 힘들었다. 상대의 행동은 이해되지 않았고 그들의 말이 때로는 비수가 되어 상처가 되기도 했다. 예수 사랑의 마음으로 아무리 그들을 이해하고 수용하려고 해도 번번이 좌절하는 나 자신을 발견하곤 했다. 그런데 이러한 일은 내게만 일어나는 일들이 아니었다. 주변에 나와 비슷한 문제로 고민하며 괴로워하는 동료들을 자주 만날 수 있었다. 어쩜 그나마 어려운 일들을 이렇게 안고 살아갈 수 있었던 이유 중 하나가 나와 비슷한 고민과 아픔을 겪는 이들이 주변에 있다는 사실이었을지도 모른다. 나만 그런 것이 아니라는 점이 위로가 되기도 했다. 그러나 이러한 모습도 시간이 지남에 따라 점점 변해갔다. 누군가 틀린 것이 아니라 나와 다른 사람들이 있다는 사실을 받아들이게 되면서 조금씩 좋아질 수 있었다. 이런 계기는 에니어그램을 만나게 되면서부터 본격적으로 시작되었다. 도대체 이해할 수 없었던 사람들의 행동과 감정과 사고를 알게 되고 나니 상대 모습의 동기를 알 수 있게 되고 진심으로 이해하고 수용할 수 있게 되었다. 더불어 그들의 모습에 반응하는 나의 모습도 바라볼 수 있게 되면서 그들과의 사이에서 힘겨웠던 이유가 상대에게 있다기보다 나 자신의 문제라는 사실을 발견할 수 있었다. 이렇게 될 수 있었던 것은 에니어그램이 많은 도움이 되었다.

언젠가 기도하면서 하나님 앞에 무수하게 무언가를 요청하고 끊임없이 도움을 간구하는 나를 발견했다. 내 바람과 기대대로 응답되지 않으면 좌절하고 매번 같은 지점에서 넘어지는 나 자신이 있었다. 나의 모든 행보는 성공을 위한 발걸음으로서의 기도였고, 하나님 앞에서의 성공이라는 모습에 잘 포장되어 감춰진 거짓된 진실이었다. 이후로도 이러한 패턴은 자주 되풀이되었다. 하지만 에니어그램을 통해 다양한 차원에서의 자기 발견이 수년간 지속되면서 나의 열정이 하나님 앞에 진실되지 못하게 했다는 사실을 조금씩 알 수 있었다. 그 후 들을 수 있었던 '너는 왜 이렇게 욕심 사납니? 나 하나로 만족할 수 없겠니?' 하신 말씀은 하나님의 긍휼을 배우고 나서 들을 수 있었던 음성이었다. 이러한 변화는 기도의 모습에 변화가 있었기 때문에 가능했다. 이렇게 열정에 빠진 기도로부터 놓임을 받을 수 있었던 것은 관상기도로 전향하고 나서부터였다.

그 후 나는 오랫동안 하나님을 향한 순례의 동반자로 어떤 집 사님을 만나게 되었다. 이분은 가정의 문제로 어려움을 호소하고 있는 상태였다. 위로하고 권면하고 함께 기도했지만 좀처럼 변화가 없었다. 오히려 상황이 악화되면서 그분의 마음과 정신은 피폐해져 갔다. 6번 에너지를 사용하고 있는 그녀는 사고유형이지만 사고 에너지가 가장 많이 부족해 에너지의 균형을 이루지 못하고 있었다. 그래서 사고 에너지를 개발할 수 있는 렉시오 디비나 기도를 할 수 있도록 도왔다. 처음에는 익숙하지 않은 기도 방법에 어려움을 호소했지만 곧잘 따라오는 모습을 보였다. 그녀는 점차 본질적인 자신의 모습을 발견하게 되면서 객관적인 사고를 할 수 있게 되었고, 진정한 자신을 만나고 난 그녀는 스스로 그 문제에서 빠져나왔다. 사고 에너지를 개발할 수 있도록 도왔던 영성지도가 그녀가 내면의 자유를 찾아가는 여정의 중요한 부분을 차지했다. 내면의 불균형한 에너지를 균형 이룰 수 있게 하는 영성 훈련의 방법은 자기를 발견하는 훌륭한 영성 도구가 된다. 이러한 나의 경험들이 많은 이들에게 조금이라도 도움이 되었으면 싶었다.

에니어그램을 연구하면서 에너지 균형을 이룰 수 있는 영성의 지혜에 관해 대학원에서 강의한 적이 있다. 수업을 들은 한 사모님은 나를 찾아와 이러한 내용으로 목회 현장에서 리더자 교육을 하고 싶다는 뜻을 전해 왔다. 그분의 이야기에 용기를 얻어 책을 내게 되었다. 책을 낼 수 있도록 도움을 주신 도서출판 동연 대표님께 감사를 드린다. 또한 내게 언제나 힘이 되고 협력과 조언을 아끼지 않은 나의 동반자 남편 임성호 목사와 사랑하는 나의 아들 영인이에게 감사를 보낸다. 더불어 이 책을 읽는 독자들께 책이 하나님을 향한 영적인 순례의 길에 좋은 길잡이가 되어 하나님이 창조하신 본인 그대로의 모습을 발견하고 사랑할 수 있게 되길 바란다.

한선이

차 례

들어가며
영성지도, 왜 사람마다 효과가 다를까

우리는 저마다 한 번쯤 교회에서 영성지도나 영성 훈련을 받았던 경험이 있다. 그런데 어떤 사람은 이런 훈련을 통해 영적 성장과 감동을 경험했다고 고백하기도 하고, 또 다른 사람은 그런 경험이 자신에게는 일어나지 않았다고 이야기하기도 한다. 같은 목회자나 영성지도자에게 동일한 영성 훈련과 영성지도를 받았는데 왜 사람마다 느끼고 받아들이는 것이 왜 이렇게 다를까?

목회 현장에 있는 목회자의 이야기를 들어보면 비슷한 경우가 허다하다. 목회 현장에서 진행하는 영성지도나 영성 훈련을 통해서 많은 이들이 영적 성장이라는 거창한 말을 사용하지 않는다고 하더라도 삶에서 일어나는 크고 작은 변화, 혹은 여러 형태의 영적인 기쁨을 누리며 살게 되었다는 고백을 하기도 한다. 그러나 정작 삶의 변화나 성장이 요구되는 사람에게서는 아무런 변화가 없는 경우도 있다. 오히려 후자의 경우 종종 불평하는 소리를 듣게 되기도 한다. 동일한 방법으로 영성 훈련과 영성지도를 하는데 어떤 이들은 탁월한 영적 성장을 경험하는가 하면 다른 이들은 그렇지 못한 경우가 있다. 영성지도, 왜 사람마다 이렇게 효과가 다를까?

기독교 역사에서 영성지도는 전통적으로 인간의 문제를 도덕적이고 윤리적인 관점에서 주로 취급해 왔다. 그래서 심리적인 영역이 등한시되어 피지도자를 과도한 죄책감에 시달리게 하거나 불안하게 만들었다. 이후 정통적인 영성지도의 한계를 극복하고자 등장한 심리 치료 이론들은 심리학적 인간 이해를 통한 영성지도의 이론적 근거를 제공해 왔다. 그럼에도 불구하고 전통적인 영성지도 방법들은 전인적인 인간 이해라는 측면에서 한계를 지닌다. 도덕적이고 윤리적인 관점의 접근으로 과도한 죄책감에 시달리게 한다거나 심리학적 인간 이해를 통한 접근으로 도덕적이고 윤리적인 물음을 등한시하기도 했다. 이러한 한계를 극복하려는 영성지도의 대안으로 에니어그램이 제시되었다. 에니어그램은 개인의 성격유형별 이해를 다룸으로 각 성격유형의 함정을 인식하게 하고, 자신과 자기 성격과의 동일시identification에서 벗어나도록 사용되어왔다. 주의해야 할 것은 에니어그램이 어떤 성격유형이 더 건강하고 어떤 성격유형이 건강하지 않은지를 나타내는 척도는 아니라는 것이다. 성격은 좋고 나쁨이 없다. 그러므로 에니어그램은 어떤 성격유형으로 살아가는지에 집중하는 것이 중요하지 않다는 사실을 알려 준다. 그러나 지금까지 에니어그램을 통한 영성지도 역시 수평적 성격유형에 편중함으로 전인격적이고 온전히 인간을 이해하는 데 어려움이 있다. 다시 말해 수직적 의식발달 수준 이해를 소홀히 했기 때문에 통합적으로 인간을 이해하기에, 영적 성장을 기대하기에 어려움이 많았다. 때문에 동일한 영성지도 안에서 차별적 영향력이 나타나게 되었다.

일반적으로 지금까지 에니어그램을 통한 영성지도는 성격유형별 성장과 균형에 집중한 결과 동일한 성격유형 안에서의 차이, 즉 의식발달 수준의 차이를 간과해 왔다. 통합적 성장을 위해서는 수평적 성장뿐 아니라 동시에 수직적 성장과 균형이 필요하다. 에니어그램을 통한 수평적 성격유형과 수직적 변형을 포함하는 영성지도가 이루어져야 온전한 본성 회복을 통한 통합과 균형을 이룰 수 있다.

에니어그램에서 인간의 '의식 수준'이란 '각 성격유형의 추상적이고 내적인 구조이며, 특성, 방어, 대인행동, 태도 및 다른 복잡한 특성들을 구체화 시키는 개념적 토대'[1]로 이해된다. 이것은 인간의 성장 배경이나 양육 태도에 따라 삶의 태도나 관점의 차이, 즉 의식발달 수준의 차이를 드러낸다는 점을 알려준다.[2] 이렇듯 인간은 의식발달 수준에 따라 동일한 성격유형의 사람일지라도 삶의 태도의 차이를 보이게 된다.[3] 따라서 전인격적인 인간 이해

---

1 박현경·권은지, "에니어그램과 정신건강 — 만성질환자의 에니어그램 성격유형, 의식발달 수준, 통합과 분열 및 삶의 만족도의 관계를 중심으로", 「에니어그램 연구」 9권 2호 (2012), 191.

2 Maitri Sandra/황지현·김세화 옮김, 『에니어그램의 영적인 지혜』 (한문화멀티미디어, 2016), 58-65.

3 박현경·권은지, "에니어그램과 정신건강 — 만성질환자의 에니어그램 성격유형, 의식발달 수준, 통합과 분열 및 삶의 만족도의 관계를 중심으로", 191.

나 통합적인 영적 성장을 위해서는 깊이 있는 의식발달 수준 탐색이 필요하다.

에니어그램에서 의식발달 수준은 이상화된 자기, 즉 자신과 성격을 동일시하는 정도에 따라 구분된다. 인간은 자신과 성격을 동일시할수록 의식발달 수준이 하강한다.[4] 인간은 의식발달 수준이 건강하지 않은 의식발달 수준으로 하강할 때, 즉 자신과 성격을 분리하지 못할수록 병리적인 성격장애 증상들이 나타난다. 반면에 자신과 성격과의 동일시에서 벗어날수록 의식발달 수준이 성장하여 전인성을 회복하게 된다.

따라서 모든 사람에게 영향력을 발휘하고 살아 있는 영성지도가 되기 위해서는 자신과 성격과의 탈동일시를 도울 수 있는 의식발달 수준에 따른 영성지도가 요구된다. 그러므로 영적인 존재로서 인간이 스스로 궁극적 존재 안에서 자신을 발견할 수 있도록 돕는, 진정한 자기를 만날 수 있게 돕는 의식발달 수준에 따른 영성지도는 매우 필요하다. 이에 특히 필자는 리소의 의식발달 수준 이론에 의거하여 성격유형별 의식발달 수준에 따른 통합적인 영성지도 방법을 살펴보고자 한다. 에니어그램 유형별 의식발달 수준에 따른 영성지도를 통해 진정한 자기를 발견하고 행복으로 인도하는 자유를 경험해 보자.

---

4 Don Richard Riso & Russ Hudson/김순미 옮김, 『에니어그램의 이해』 (미래를 소유한 사람들, 2016), 371-404.

제1부

에니어그램의
기본 원리 이해하기

I. 에니어그램의 기원과 상징

에니어그램은 일반적인 성격유형론이나 결정론이 아니다. 에니어그램은 종종 단순하게 남들과 다른 기이한 버릇이나 두드러지는 특징을 설명해 주는 성격 분석 도구로 오해받는다. 그러나 에니어그램은 개별적 특징 묘사를 넘어 훨씬 더 깊은 인간 이해와 하나님이 창조한 본래의 모습을 회복하는 길을 나타내고 있다.

에니어그램은 누구에게서부터 시작되었는지 그리고 또 언제, 어디서부터 시작되었는지 그 기원이 불명확하다. 그런데도 에니어그램은 근래에 들어 여러 방면에서 다양하게 사용되며 영향력을 드러내고 있다. 특히 영성지도나 수련의 도구로 사용되고 있을 뿐 아니라 심리 치료, 인간의 리더십과 현대 사회과학과도 조화를 이루며 사용되고 있다. 이 때문에 올바른 사용을 위해 에니어그램 기원의 이해가 중요하다. 에니어그램 기원과 상징 이해는 에니어그램의 목적과 기능을 이해하는 데 중요한 정보를 제공해주고 있다.

1. 에니어그램의 기원

에니어그램이란 희랍어 엔네아스Enneas(아홉)와 그람메Grammē(점)의 합성어로 아홉 개의 점으로 이루어진 그림을 뜻한다. 에니어그램의 기원은 다양한 가설들이 있으나 다음 두 가지 설이 대표적이라고 할 수 있다. 하나는 10-11세기 이슬람 신비 종파인 수피[1] 종단에서 처음 등장했다는 설이고,[2] 다른 하나는 2500년 전 고대 근동 지역의 사막 교부들의 영적 지혜에 그 뿌리를 두고 있다는 가정이다.[3] 지금까지 이 두 가지 가설에 힘이 실리고 있지만, 현재까지 어느 주장이 더 정확한지 단정적으로 확증할 수 없다는 것이 더 지배적이다.

첫 번째 입장을 주장하는 이들은 대부분 초기 에니어그램 학자들이다. 초기 에니어그램 학자인 게오르게이 이바노비치 구르지예프Georgei Ivanovich Gurdjieff, 존 베넷John. G. Bennett, 오스카 이차조Oscar Ichazo 등은 에니어그램의 기원이 이슬람 수피교도들에게 있었을 것이라고 생각했다. 이들에 의하면 에니어그램은 십진법의 체계와 무관하지 않다. 왜냐하면 에니어그램 상징에 표현되고 있는 제

---

1 수피(Sufi)는 이슬람 신비주의나 신비가를 지칭하는 말이다. 초기 수피즘은 금욕주의 영향을 받았다. 이들은 물들이지 않은 검소한 옷을 입고 생활하는 청빈한 생활 가운데 명상이나 기도와 같은 삶의 훈련과 체험을 통해 신과의 합일의 경지에 나아가는 데 힘쓴다. 이들은 이와 같은 금욕적 신앙생활을 통해 깊은 내면적인 성찰을 바탕으로 한 수행을 하게 되면서 신비주의적인 경향을 형성하게 된다. 그렇다고 해서 신비 자체나 금욕 행위가 수피의 전부를 의미하는 것은 아니다. 수피들은 신에게 가까이 가기 위해 자신을 신 앞에 완전히 굴복시킨다. 그리고 무엇보다도 신(神)과 직접 통하는 신비체험을 중시했다는 점에서 영전과 지식을 중요시하는 이슬람과는 차이를 보인다.

2 정인석, 『자기를 이기는 자는 자유롭다: 구제프의 사상과 가르침』 (학지사, 2011), 22-42.

3 Don Richard Riso & Russ Hudson/주혜명 옮김, 『에니어그램의 지혜』 (한문화, 2002), 21.

삼의 법칙이나 제7의 법칙의 기원이 십진법에 있다고 보기 때문
이다. 이들은 이슬람 수학자들이 1을 3이나 7로 나누면 오늘날에
와서 '순환소수'라고 부르는 계속 남겨지는 수를 발견했다는 점에
착안하여 십진법의 추정 시기를 14~15세기경으로 본다. 특히 베
넷은 에니어그램의 특별한 법칙과 상징이 순환소수에 결합되어
있다고 보았다. 그는 순환소수를 통해 온 우주가 끊임없이 변화되
고 서로 연결되어 있다고 설명한다.[4]

반면 두 번째 입장을 주장하는 안드레아스 에베르트Andreas Ebert
는 1993년 『내 안에 접힌 날개』 초판 이후에, 위의 주장에 반대되
는 가설을 제시한다. 에베르트는 에니어그램의 기원을 사막 수도
사인 에바그리우스 폰티쿠스Evagrius Ponticus(?~399)와 프란체스코
복자 라몬 룰Ramon Lull(1236~1315)에까지 거슬러 올라간다고 보
았다.[5] 에베르트는 1995년 에바그리우스가 쓴 글을 우연하게 접
하게 된 후 에니어그램의 기원이 수피교도가 아니라 그리스도교
도였을 것이라고 주장한 것이다.[6]

에니어그램을 현대 심리학에서 말하는 병리적인 증상으로까
지 설명한 클라우디오 나란조Claudio Naranjo의 초기 제자인 로버트
오스크Robert Ochs와 독일 베니딕토회 사제 안셀름 그륀Anselm Gruen은

---

4 Don Richard Riso & Russ Hudson/윤운성 옮김, 『에니어그램 성격유형』 (학지
  사, 2010), 35-36.
5 Richard Rohr & Andreas Ebert/이화숙 옮김, 『내 안에 접힌 날개』 (바오로 딸,
  2013), 8.
6 이병창, 『에니어그램을 넘어 데카그램으로』 (정신세계사, 2011), 315-316.

에베르트와 같은 입장을 가지고 있다. 이들은 에니어그램과 기독교 신비주의 그리고 사막 교부들이 언급한 격정적이라고 일컫는 열정 사이에 유사성이 있다는 사실에 주목한다.[7] 에바그리우스는 그의 저술에서 열정에 관한 가르침과 하나님께 나아가는 길을 방해하는 악덕[8]을 설명하면서 피타고라스의 수비학적 고찰을 통해 에니어그램의 특징들을 설명한다.[9] 어쨌든 에니어그램의 지식의 본체가 수피 비밀 교단에 영향을 받아 왔다고 하든지, 반면에 근래에 들어서는 고대 사막 교부들에 의한 영향이 더 지배적이라고 하더라도 공개적으로 전수된 바가 없기 때문에 기원에 관하여 단정하기 어렵다는 것이 현실이다.

그에 비해 에니어그램 상징 개념의 기원은 비교적 명확하다. 현대 에니어그램 상징 개념은 구르지예프에 의해 설명되었다. 그는 에니어그램을 설명하는 데 있어 많은 고대 종교적 전통에서 비롯한 지혜와 현대 심리학을 결합해 처음 서구에 처음 소개하였다. 그리스계 미국인인 그는 인간 정신을 변화시킬 완전한 과학이 고

---

7 Helen Palmar, "에니어그램을 통한 성숙: 캘리포니아에서의 경험", *Growing the Enneagram: The Californian Experience, in All Points Bulletin*, 1995, 8-9), 13.

8 에바그리우스는 세상을 떠난 은수도사(隱修道師)들 사이에서도 내면의 생각들에 의해 열정이 일어난다는 사실에 집중했다. 그는 이 열정이 하나님께 가까이 가는 것을 방해한다고 여겼기 때문에 이를 죄악으로 보았다. 그에 의하면 이런 사실은 자기를 사랑하는 것으로부터 악한 생각들이 나온다고 보았다. 그가 발견한 열정은 식욕(gluttony), 육욕(fornication), 탐욕(avarice), 노염(anger), 낙담(depression), 게으름(acedia), 자만(vainglory) 그리고 교만(pride)으로 여덟 가지이고, 이것이 후대에 제7대 죄악의 뿌리가 되었다.

9 Richard Rohr & Andreas Ebert, 『내 안에 접힌 날개』, 43-55.

대에 있었으나 그 지혜가 시간에 지남에 따라 소실되었다고 믿었다. 그래서 그는 소실된 고대의 지혜를 찾는 노력으로 '진리를 구하는 사람들Seekers After Truth: SAT'이라는 모임을 결성하여 정기적으로 연구한 것들을 나누었다. SAT 회원들은 이집트, 아프가니스탄, 그리스, 페르시아, 인도, 티베트 등 널리 수도원과 성지들을 돌아다니며 고대 전통의 지혜를 찾아다녔다. 이 과정에서 구르지예프는 에니어그램의 상징 개념을 찾아 설명한다. 그는 우주를 상징하는 만다라인 원circle이나 존재하는 모든 것들은 세 가지 힘이 상호작용하며 안정적인 움직임을 가지고 있다는, 보다 강력한 힘의 존재를 상징하는 삼각형triangle을 '제삼의 법칙'으로 설명한다. 또한 끊임없이 움직이는 인간을 상징하는 불규칙한 육각형, 헥사드hexad를 통해 존재하는 모든 것들은 멈추어 있지 않다는 것을 '제칠의 법칙'으로 설명한다. 구르지예프는 이 세 가지 상징을 결합한 역동적인 상징이론을 통해 에니어그램을 설명한다. 그는 서방에 에니어그램의 상징 도형을 통한 성격유형의 근원에 대해 전해주었으나 현대 에니어그램의 성격유형론의 형태로 전개하지는 못했다.[10]

이에 반하여 에니어그램의 아홉 가지 성격유형의 원리 개념 기원은 보다 구체적이다. 에니어그램은 구르지예프 이후 이카조에 의해 상징과 성격유형 사이의 관계에 관해 설명되었다. 이카조는

---

10 Don Richard Riso & Russ Hudson, 『에니어그램의 이해』, 52.

에니어그램의 현대화에 공헌한 바 에니어그램의 아홉 가지 '자아 고착ego fixations'과 '열정passions'을 도입하여 현대 에니어그램을 설명한다.11 이카조에 따르면 아홉 가지 성격유형에 관한 설명은 아홉 가지 인간의 치명적인 열정이라고 할 수 있는 죄악을 내포하고 있다. 그는 에니어그램 각 유형을 '자아 고착'이라고 불렀다. 이카조는 에니어그램의 유형 원리의 기원이 유대 전통으로부터 온 신비 문학의 고대 본체인 카발라kabbala12에서 발견하기도 했고, 초기 기독교 금욕주의자의 전형이었던 사막 교부들이 교훈으로 삼았던 일곱 가지 죄악의 개념(교만, 시기, 분노, 폭식, 탐욕, 욕망, 나태)에서 그 기원을 찾기도 했다.13 이후 이카조는 사막 교부들의 7대 죄악에 '두려움'과 '속임수'라는 인간의 두 가지 죄악을 추가하였다. 그는 이 아홉 가지 악덕이 성격에 고착되었다고 보았고, 이를 통해 아홉 가지 성격유형의 근원을 설명하게 된다.14

에니어그램의 다음 전승은 나란조로 이어진다. 칠레 태생의 정신과 의사인 나란조는 이카조의 에니어그램 모델을 접하고 이를 더욱 발전시켰다. 그는 에니어그램의 유형에 관한 설명을 확장

---

11 Don Richard Riso & Russ Hudson, 『에니어그램 성격유형』, 42.

12 카발라(kabbalah)는 유대신비주의 전통에서 계시가 된 지혜이다. 이는 고대로부터 발생하여 중세에 형성되고 현대로 전해지는 유대교 신비주의의 비밀스러운 전통이다. 카발라의 말은 '전통, 전승'으로 번역되며, 의미는 '수용과 받아들임'이다.

13 Don Richard Riso & Russ Hudson, 『에니어그램 성격유형』, 36-38.

14 Sam Keen, *Psychology Today* (Oscar Ichazo and Arica Institute 6, 1973), 66-72.

하고, 정신 병리적인 증상의 범주와 각 유형과의 상관관계를 찾아
내었다. 1970년대에 들어 클라우디오 나란조가 미국 캘리포니아
지역을 중심으로 에니어그램을 가르치면서 현대 에니어그램은 급
속도로 확장되었다. 이후 에니어그램은 현재 미국 예수회 회원들
에 의해 영성지도나 수련의 도구로 사용되고 있다. 그뿐만 아니라
다양한 심리 치료, 인간의 리더십과 현대 사회과학과도 조화를 이
루며 지금까지 발전하고 있다.[15]

2. 에니어그램의 상징

에니어그램의 상징 원리는 에니어그램을 이해하는 데 중요한
도구가 된다. 에니어그램의 주된 상징은 '원'과 '삼각형', '헥사드'
이다. '원'은 인간의 일상적인 삶을 표현하고 '삼각형'은 안전성과
신념, 가치관을 의미한다. 그리고 '헥사드'는 영적 수행과 역동성
을 나타내고 있다. 에니어그램 상징은 시간과 깊은 연관을 가진
다. '원'은 시간의 연속성을 의미하고 '삼각형'은 시간의 초월성을
의미한다. 그리고 '헥사드'는 역동적으로 움직이는 시간의 역동성
을 뜻한다는 면에서 시간과의 관계성을 설명한다.[16] 이렇게 볼 때
에니어그램은 살아 움직이는 상징으로 이해할 수 있다. 구체적으

---

15 이강옥, 『에니어그램 이야기: 내면의 빛을 향하여』 (중앙적성출판사, 2004), 18-19.
16 고영순, 『페르소나의 진실』 (학지사, 2007), 28.

로 에니어그램의 상징은 하나의 원 안에서 아홉 개의 점이 균등하게 나누어져 있다. 그리고 동일한 패턴 안에 균등하게 나누어진 세 개의 점이 서로 이어져 삼각형을 만든다. 이 삼각형은 세 가지 힘이 상호작용하며 안정적인 움직임을 나타낸다는 에니어그램의 '제삼의 법칙'을 보여준다. 삼각형을 제외한 나머지 일곱 개의 점은 서로 이어져 헥사드를 만든다. 이 헥사드는 존재하는 모든 것들은 멈추어 있지 않다는 것을 나타낸다는 에니어그램의 '제칠의 법칙'을 설명한다. 에니어그램 상징 이해는 인간의 내면 안에서 상호작용하는 역동적인 흐름을 이해하는 데 도움을 준다.

1) 원(circle)

구체적으로 에니어그램 상징 원리를 살펴보기로 하자. 에니어그램 첫 번째 상징인 '원'은 통합, 전체, 단일, 하나를 의미한다. 원은 〈그림 1〉에서 보는 바와 같이 에니어그램 상징 원리 도형 중 가장 밖에 위치하고 있다. 원은 인간이 도달하고자 하는 '이상형'이나 '완전'을 나타낸다. 또한 둥근 원 안에서 하나가 되는 모습을 추구하는 존재로서의 인간의 모습을 나타내고 있다. 구르지예프에 따르면 원은 삶의 처음과 끝을 나타낸다. 원은 계속 순환하며, 존재하는 모든 것들을 포함하는 완결한 순환을 뜻한다.[17] 이렇게

---

17 김새한별, "에니어그램과 유대신비주의", 「에니어그램연구」 2권, 제2호 (한국에니어그램학회, 2005), 221.

〈그림 1〉

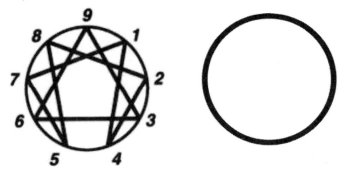

　　원은 시간의 연속성을 뜻하고, 알파(*A*, 처음)와 오메가(*Ω*, 끝)
인 하나님을 상징한다. 또한 원은 처음과 끝이 닫혀 있는 확실한
공간을 차지하고 보호한다는 뜻을 포함하기에 원 전체가 '지금'을
의미하기도 하고 원둘레는 시간의 흐름을 나타내는 시간의 연속
성을 의미하기도 한다.[18] 융C. G Jung에 따르면 원은 우주의 진리를
표현하는 만다라처럼 모든 것을 담고 있는 전체를 뜻한다는 데서
연속성이 있고 항상 역동적으로 움직이고 있음을 알 수 있다.[19]

18　고영순, 『페르소나의 진실』, 29.
19　융은 만다라가 인격 전체의 중심인 자기를 나타낸다고 말한다. 또한 원의 형태를
　　띤 만다라가 인간 원형은 나타난다고 보았고, 이 만다라를 통해 의식과 무의식의
　　균형을 회복할 수 있다고 보았다. 이렇게 인간 내면의 심리상태를 드러날 뿐 아니라
　　의식과 무의식의 균형 회복을 돕는 만다라 상징은 자기의 인식이 가능한 통합적
　　상징으로 나타나기 때문에 하나의 전체가 되고자 하는 자기 원형으로 표현된다고
　　할 수 있다. 강다연, "인간원형과 만다라 상징에 대한 고찰," 「수산해양교육연구」
　　30/1 (2018), 93-94 참고.

2) 삼각형(triangle)

두 번째 상징인 삼각형 상징 원리는 인간이 세 가지 에너지를 가지고 있음을 표현하고 있다. 세 가지 에너지 원천은 서로 상호 작용의 결과로 나타난다. 구르지예프는 이를 우주의 '제삼의 법칙' 이라고 말한다. 그에 따르면 세상에 존재하는 모든 현상과 행동은 3의 법칙에 따라 긍정적인 힘, 부정적인 힘, 중립적인 힘이 서로 동시에 작용한 결과이다.[20] 이러한 그의 주장은 현재 현대 물리학에서도 증명하고 있는데 그 증거는 원자 미만의 가장 작은 소립자 素粒子, elementary particle도 양성자, 중성자, 전자로 구성되고 그 힘도 강력, 약력, 전자기력이 존재한다는 데 있다. 삼각형은 존재하는 것 중 가장 안전한 상징 도형이다. 그런 의미에서 거의 모든 종교에서는 삼각형의 상징을 가지고 참 존재를 설명한다. 도교에서는 천天, 지地, 인人으로 안전한 삼원성을 설명하고, 힌두교에서는 비슈누Vishnu, 브라흐마Brahma, 쉬바Shiva로 삼원성을 설명한다. 불교에서는 불佛, 법法, 승僧에 대해서 삼원성을 설명한다. 또한 기독교에서 유일신을 설명할 때도 성부, 성자, 성령 삼위일체로 설명한다.[21] 이처럼 삼각형은 안전과 균형을 잡아주고 인간이 한쪽으로

---

20 P.D. Ouspensky/오성근 옮김, 『위대한 가르침을 찾아서』(김영사, 2005), 163-189.

21 이순자, "구르지예프, 베어 및 리소의 에니어그램 비교", 교육학박사 학위논문 (창원대학교, 2004), 121.

치우쳐 살아가는 것이 아니라 사고와 감정과 행동을 통해 이성과 감성과 의지를 골고루 조화롭게 발전하며 균형 잡힌 삶을 살아가는 존재로의 인격을 완성해 가는 것을 설명한다.

〈그림 2〉

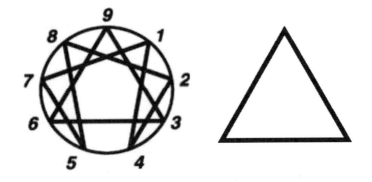

3) 헥사드(hexad)

마지막으로 에니어그램의 상징 원리는 헥사드이다. 헥사드는 존재하는 모든 것들이 움직이고 순환과정을 보여주는 역동성을 설명한다. 이 세상의 모든 것들은 정체되어 있지 않고 변화, 재생, 발전하는 순환적 역동성을 가진다. 구르지예프는 이를 '제칠의 법칙'이라고 지칭한다. 〈그림 3〉에서 보는 것과 같이 헥사드는 원 안에서 1-4-2-8-5-7-1 순으로 진행된다. 이러한 헥사드의 진

〈그림 3〉

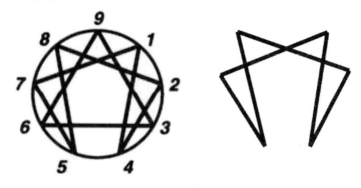

행 방향은 인간의 분열과 통합의 움직임을 보여준다. 제칠의 법칙
은 우주의 모든 것들이 상승과 하강을 반복하며 진행하는 우주의
법칙을 설명한다. 헥사드는 인간의 성격이 통합과 분열의 과정을
반복하면서 우주의 법칙 안에 연결되어 있음을 알려준다.[22] 헥사
드는 인간이 어떻게 통합되고 진화하는지와 또 퇴보하는지를 설
명하고 인간 성장의 진행 방향을 나타낸다.[23] 헥사드는 인간이 생
활하면서 접할 수 있는 모든 환경 가운데 작용하는 힘과 성질에
따라 변화하는 방식은 다르지만 어떻게 통합되고 분열되며 서로
연결되어 있는지에 대한 흐름을 설명한다.

    결론적으로 위 그림에서 보는 바와 같이 에니어그램 상징 원리
를 이해한다는 것은 역동적인 연관성을 가지고 인간을 폭넓게 이

---

22 P.D. Ouspensky, 『위대한 가르침을 찾아서』, 204-241.
23 김새한별, "에니어그램과 유대신비주의", 222.

해할 수 있게 한다. 특별히 유대교 카발라 자료에 따르면 에니어 그램은 영성지도자들을 위해 수도원에서 사용되어 왔다.[24] 하나 님의 형상대로 창조된 인간의 순수성은 부모로부터 양육되고 성장하면서 여러 가지 경험을 통해 인간의 본연의 모습을 잃고 신성한 빛과 단절된 삶을 살아가게 된다. 중세 영적 지도자들은 이렇게 신성한 빛과 단절되어 살아가는 인간이 자신의 편견, 자기중심적인 관점 안에서 습관적 방식에 따라 살아간다는 사실을 발견하였다. 이들은 인간의 내면의 틀 안에서 습관적 방식에 의해 굴절되는 에너지의 모습을 '열정'이라고 보았다. 그리고 이 열정을 '함정'이라고 보았다.[25] '열정'이라는 '함정'은 인간의 시선을 왜곡하고 순수성을 파괴한다. 인간은 '함정'을 인식하고 신성한 빛과의 연결을 찾아가기 위해서 영적인 순례가 필요하다. 영적인 순례에서 가장 기본적인 요소는 '자기 인식'이라고 할 수 있는데[26] 에니어그램은 자기를 인식하는 훌륭한 도구가 된다.

---

24 고영순, 『페르소나의 진실』, 18.
25 에니어그램의 유형마다 함정이 있다. 1유형은 과도한 비판이고, 2유형은 아첨이며 3유형은 허영심이다. 4유형은 의기소침한 우울이며, 5유형은 감정적 인색함 그리고 6유형은 무모함이다. 7유형의 함정은 산만하게 계획하는 것이고, 8유형의 함정은 복수며, 9유형의 함정은 무기력이다. Donald Capps/김진영 역. 『대죄와 구원의 덕』(한국장로교출판사, 2018). 참고.
26 고영순, 『페르소나의 진실』, 18.

II. 에니어그램 세 중심 에너지와 역동성

에니어그램은 인간을 이해하는 데 역동적인 지표가 된다. 에니어그램에서 역동이란 에니어그램의 기본적인 아홉 가지 성격유형에 앞서 본능doing, 감정feeling 그리고 사고thinking라는 기본 에너지 원소의 움직임을 뜻한다. 또한 각 유형의 양옆에 위치하면서 가능성과 잠재력을 표현하는 날개와 본능적 변형 그리고 개인의 통합과 분열의 방향성을 나타내는 헥사드를 통한 움직임을 살펴보는 것을 의미한다. 이 세 가지 기본 에너지, 날개와 변형 그리고 헥사드는 인간의 숨겨진 행동과 마음의 패턴, 균형, 나아가 의식 수준의 움직임까지도 포함한다. 에니어그램 역동은 인간의 외면과 내면에서 동시다발적으로 일어나고 순행하기도 하고 역행하기도 한다. 즉 에니어그램의 역동성이란 특정 환경에 적응하려는 날개의 사용과 의식이 나선형의 형태로 상승과 하강을 반복하며 통합과 분열이 일어나는 가운데, 세 가지 기본 에너지가 균형을 이루어 가는 과정이라고 볼 수 있다.

에니어그램의 기본적인 힘의 중심은 세 가지 에너지 중심으로 나뉜다. 세 가지 에너지 힘의 중심이 되는 기본 에너지는 본능 센터, 감정 센터 그리고 사고 센터 에너지다. 일반적으로 인간은 자신에게 익숙한 한 가지 센터 에너지를 주로 사용하기 때문에 하나의 에너지만 가지고 있는 것처럼 보인다. 그러나 사실 인간은 세 가지 에너지를 모두 가지고 있다.[1] 비교적 자신의 주된 에너지를 주로 사용하고 제외된 나머지 두 에너지를 두드러지게 사용하지 않기 때문에 하나의 에너지만 사용하는 것처럼 보인다 할지라도 세 가지 에너지가 서로 상호작용하고 있기 때문에 나머지 두 센터 에너지를 제외하며 살아갈 수 없다. 그러나 인간은 자신에게 익숙한 한 가지 센터 에너지만 주로 사용함으로 인해 에너지의 균형을 잃는다. 그리고 불균형한 에니어그램의 세 가지 기본 에너지로 인해 왜곡된 본질적 능력, 혹은 기능도 나타난다. 이처럼 본질이 변질하거나 막히면 공백이 생긴다. 그리고 이 공백을 '성격'이 채운다. 그러므로 에니어그램 성격유형이 가지는 본질적인 특성은 자신이 원하는 욕구와 자신을 동일시하는 제약을 가지게 된다. 이렇게 볼 때 한 개인이 지닌 주된 에너지는 자신의 강력한 능력이라고 할 수 없다. 다시 말해 본능, 감정 그리고 사고 에너지 센터에는 각 센터의 에고가 강력하게 형성되어 기능하기 때문에 인간의 주된 센터 에너지는 가장 자유롭지 못한 구성 요소이며 동시에 취약한 부분이 된다고 할 수 있다.[2] 그러므로 인간은 자신의 주된 센터 에너지보다 등한시했던 다른 에너지를 사용 발전시킬 때 세 가지 기본 에너지의 균형을 이루며 성장할 수 있다.

한편 본능, 감정 그리고 사고 에너지는 뇌 구조의 발달과도 연

---

1 Don Richard Riso & Russ Hudson, 『에니어그램의 지혜』, 69-92.
2 Don Richard Riso & Russ Hudson, 『에니어그램의 지혜』, 69-71.

관성이 있다. 고영순에 따르면, 현대 신경해부학의 뇌의 구조 발달 부분이 에니어그램의 기본 에너지에 따라 다르다고 한다. 그녀가 구별한 뇌 구조를 보면 첫 번째 뇌간 위쪽에 자리잡고 있는 파충류 뇌reptile brain라고 지칭되는 부분은 자기 보존 본능을 담당한다. 이 부분은 신체적 감각을 공급하는 곳으로 본능 중심의 에너지가 발달한 곳이다. 자기 보존 본능 에너지가 제 역할을 하지 못할 경우 깊은 불안정감을 경험하게 된다. 두 번째 감정유형을 담당하고 있는 뇌는 구 포유류 뇌old mammalian Brain로 변연체이다. 변연체로 구성된 구 포유류 뇌는 쾌락과 고통, 정서의 통제를 담당하는 부분이다. 이 부분은 사회적 관계 본능을 다루고 있다. 그러므로 변연체가 기능 손실을 볼 경우, 깊은 외로움을 경험하게 된다. 마지막 세 번째 사고유형의 뇌는 신피질에서 전개되는 포유류 뇌a mammalian brain로 지칭되는 부분이다. 신피질은 방향 감각이나 목표, 의미를 찾는 것을 담당하고 있다. 신피질의 기능에 손상을 입을 경우에는 어디에도 소속되어 있거나 연결되어 있지 않다고 느끼며 스스로가 쓸모없거나 부족하다고 느끼게 된다.3 뇌간이나 변연체, 신피질은 인간의 뇌를 구성하고 있는 구성 요소이다. 뇌의 어느 한 부분이 발달한다고 해서 한 부분에 강력한 에너지를 가질 수 있는 것이 아니다. 뇌의 모든 부분이 균등하게 발달해야 건강하게 성장하고 온전한 통합을 이룰 수 있게 된다.4 따라서 인

---

3 고영순, 『페르소나의 진실』, 36-38.
4 고영순, 『페르소나의 진실』, 38-39.

간은 세 가지 기본 에너지가 자유롭게 조화를 이룰 때 온전한 통합과 균형을 이룰 수 있다는 것을 알 수 있다.

에니어그램의 아홉 가지 성격유형은 원 안에서 균등하게 위치하고 있는 점으로 연결되어 있기 때문에 어떤 유형이든지 양쪽 옆에 자리 잡은 유형이 있다. 이것이 날개wing가 된다. 그리고 이 둘 중의 하나를 자신의 주된 날개로 사용한다. 일반적으로 인간은 환경에 적응하고 자신의 필요에 따라 무의식적으로 날개를 선택하며 에너지를 사용한다. 대부분 둘 중 한 가지 유형을 우세한 날개로 가지지만 두 가지 모두를 취하고 있는 경우도 있다.[5] 인간이 날개를 사용하는 이유는 주어진 환경에 유연하게 대처하기 위함이지만 경우에 따라 고착된 집착을 숨기며 본인의 유형보다 날개를 더 강력하게 사용하는 경우도 있다.[6] 또한 같은 유형이 같은 날개를 사용하고 있다고 하더라도 날개 사용 비중에 따라 다르게 표현될 수 있을 뿐 아니라, 날개 안에서도 통합과 분열의 방향이 있어 같은 유형이라도 인간을 이해하는 데 다양한 측면을 제공하게 된다. 게다가 인간은 날개와 함께 어떠한 본능적 변형을 사용하는지에 따라서도 다르게 이해된다. 각 성격유형은 어떠한 삶의 영역에 초점을 맞추고 있는지에 따라 세 가지의 본능적 변형으로 나뉜다. 인간 행동의 동기가 되는 본능적 변형에는 자기 보전 본능the Self-Preservation Instinct, 사회적 본능the Social Instinct, 성적 본능the Sexual Instinct[7]

---

5 Don Richard Riso & Russ Hudson, 『에니어그램의 지혜』, 94-95.
6 고영순, 『페르소나의 진실』, 30-31.

이 있다. 한 인간 안에는 각각의 성격유형과 같이 세 가지 본능적 변형을 모두 가지고 있다. 하지만 더 지배적인 변형을 자신의 변형이라고 부른다.8 이러한 본능에 따라 인간의 관심사가 다르게 나타나는 바 결국 인간을 이해하는 데 있어 인간이 사용하는 날개 유형과 변형은 어떤 날개를 얼마큼의 비중에 따라 사용하느냐와 어떤 본능적 변형을 사용하느냐에 따라 다르게 이해되는 에너지의 역동을 나타내 준다.

일반적으로 인간은 통합과 비통합이 일어날 때 자신 성격유형의 자리 이동이 일어난다. 통합은 안정적이고 편안한 상태에서 일어나고, 비통합은 스트레스 상황에서 나타난다고 할 수 있다. 성격 이동은 날개와 헥사드의 관련성과 연관이 있다.9 헥사드는 주기적인 숫자 1-4-2-8-5-7-1의 순환으로 이동한다. 앞서 언급했듯이 날개는 성격유형의 양쪽 옆에 위치에 있으면서 헥사드의 방

---

7 본능적 변형은 날개와 함께 에니어그램의 하위 유형의 한 형태이다. 이는 역동성을 나타낸다. 에니어그램 변형은 아차조에 의해 처음 소개되었다. 첫째, 자기 보전 유형의 관심사는 생존에 있기 때문에 생활필수품을 다루는 데 가장 실질적이다. 이들은 개인의 안전과 신체적 안락함에 초점이 맞추어져 있다. 둘째 사회적 유형의 관심사는 타인과의 관계에 있다. 이들은 집단행동을 하는 것을 중요하게 생각하고 집단 안에서 존경받는 느낌을 중요하게 생각한다. 이들은 소속감에서 오는 안전감의 욕구가 있다. 사회적 유형은 개인의 가치를 공고히 하는 방법으로 사회적 관계를 맺는 데 초점을 맞춘다. 셋째, 성적 유형의 관심사는 자신의 흥미나 쾌락에 초점이 맞추어져 있다. 이들은 사회적 관계보다 일대일 관계에 익숙하다. 본능적 변형은 모든 사람에 따라 다른 표현 양식을 가진다. Don Richard Riso & Russ Hudson, 『에니어그램 성격유형』 참고.
8 Don Richard Riso & Russ Hudson, 『에니어그램의 지혜』, 96-97.
9 Don Richard Riso & Russ Hudson, 『에니어그램 성격유형』, 463-465.

향과 연결되어 있다. 그리고 헥사드는 성격유형의 모습이 환경의 적응하는 것에 따라 발전과 퇴행하는 흐름을 보여준다. 1-7-5-8-2-4-1은 통합의 흐름 방향이고, 1-4-2-8-5-7-1은 비통합, 즉 분열의 흐름 방향이 된다. 다시 말해 에니어그램의 성격유형은 자신의 성격유형의 특성에 덜 매이게 되는 방향으로 가는 통합과 자신의 성격유형과 동일화되어 분열된 모습을 나타내는 비통합을 통해 인간의 발달 과정을 통해 진보와 퇴보를 알려준다.

한편, 통합과 비통합은 의식발달과도 연관된다. 비통합 방향으로 가는 모습은 무의식적이고 충동적이며 자동적인 것에 반해, 통합 방향으로 가는 모습은 의식적인 선택을 요구한다.[10] 통합된 상황은 자신이 성격유형 안에 갇혀 있다는 사실을 자각하고 그곳에서 빠져나와 성장의 방향으로 갈 수 있게 한다. 비통합된 상황 즉 분열된 상태에서 인간은 병리적인 모습을 나타낼 수 있다. 그러나 인간이 분열되고 퇴행하는 비통합된 모습을 보인다고 하더라도 쉽게 병리적인 모습을 보이는 것이 아니다. 비통합의 방향 안에서 인간은 억압된 것을 발산하여 건강하지 않은 범위로 떨어지는 속도를 늦추게 된다.[11] 이처럼 통합과 비통합은 인간의 발달과 연관된 역동을 보여주고 있다.

정리하자면 에니어그램의 세 센터 기본 에너지의 균형, 날개와 변형을 통한 다양한 인간 이해 그리고 통합과 분열의 방향을

---

10 Don Richard Riso & Russ Hudson, 『에니어그램의 지혜』, 117-121.
11 Don Richard Riso & Russ Hudson, 『에니어그램의 지혜』, 118-119.

나타내는 헥사드는 인간의 진보와 퇴행의 흐름을 나타내는 역동
성을 표현한다. 그러므로 역동성은 인간의 온전한 전인성으로 나
아가는 방향을 제시해 주고 있음을 알 수 있다.

III. 에너지 흐름에 따른 에니어그램 아홉 가지 성격유형

에니어그램에 의하면, 인간은 아홉 가지 성격유형의 모습을 모두 가지고 있다. 그러나 환경이나 여러 제반 영향으로 한 가지 유형 안에 갇혀 지내게 된다.[1] 인간은 외부적 환경과 자극에 따라 일정한 부분에 '자아 고착'이 된다. 고착된 자아는 내부에서 독자적인 방식으로 이를 감추며 살아가면서 한 유형 안에 갇혀 독특한 특성을 보인다.[2] 에니어그램에서 설명하는 아홉 가지 성격유형에는 각각의 특징과 행동 패턴이 있다. 그리고 각각의 유형마다 날개를 통한 가능성과 잠재력을 가지며 상호 관계를 하고, 저마다 통합과 분열이라는 역동성을 가진다. 이러한 에니어그램 성격유형은 중심 에너지에 따라 1, 8, 9유형의 본능유형과 2, 3, 4유형의 감정유형 그리고 5, 6, 7유형의 사고유형으로 나뉜다.[3] 각각의 유형은 나름의 패턴을 만들고, 서로 상호작용하면서 균형을 이루어 간다. 에니어그램의 성격유형과 에너지 흐름의 관계는 다음과 같다.

---

1 김영운, "온전함의 영성과 에니어그램," 「기독교사상」 265 (2006), 282-283.
2 Sandra Maitri, 『에니어그램의 영적인 지혜』, 18.
3 Don Richard Riso & Russ Hudson, 『에니어그램의 이해』, 364.

1. 본능유형

에니어그램 1번, 8번, 9번 유형은 '본능유형'이다. 본능유형은 '장 중심의 사람들'이라고도 부른다. 카렌 호니Karen Horney는 이들을 그 특징에 따라 '적대적 유형'이라고 한다.4 본능유형의 힘의 원천은 행동behavior에 있고, 이들의 기본 관심은 몸, 기본적인 삶의 기능 그리고 생존에 있다. 한편 리소는 인간이 각각의 에너지의 본질과의 연결을 잃을 때 생긴 '공백'을 성격으로 채운다고 했다. 이를 심리학에서는 '자아 경계ego boundary'라고 한다. 보통 자아 경계가 피부나 몸에 한정되어 있다고 생각하지만 그렇지 않다. 무의식적 느낌과 정서를 창조하는 데는 몸과 마음이 함께 움직여야 한다. 모든 성격유형은 각각의 이유로 자아 경계를 만든다. 특히 본능유형은 자신의 의지를 사용하여 세상에 영향력을 행사하기 위해서 자아 경계를 강하게 만든다.5

리소는 자아 경계를 강하게 만들기 위한 본능유형의 핵심 감정을 '분노'라고 부른다. 따라서 이들의 정서적 습관의 내부 감정은 '분노'이다. 본능유형은 의식적이거나 무의식적으로 세상으로부터 공격에 의한 지배를 받게 된다고 생각하기 때문에 분노한다. 이러한 이유로 본능유형은 세상을 향해 대항적이다. 반면에 자신의 내적 번민과 공포에는 민감하지 않은 편이다.6 또한 본능유형

---

4 Karen Horney/김재은 · 김현옥 옮김, 『갈등의 심리학』(배영사, 2000), 15.
5 이종의, 『나와 너의 만남 에니어그램』(나무의 꿈, 2014), 46-49.

은 현실에 관심이 많다. 이들은 현실에 대한 저항을 분노로 표현하고, 저항을 유지하는 데 관심을 둔다. 그리고 외부의 공격이나 억압에 관련된 사항에도 민감하다. 이들은 본능적으로 생활하고 생존하는 데 에너지를 쏟는다. 게다가 단도직입적이고 감각적이며 본능적이다. 본능유형은 행동 중심으로 생활하기에 외부적으로 자기 확신에 차 보인다. 그러나 겉모습과는 달리, 내부적으로는 늘 도덕적인 자기 의심과 싸우고 있을 확률이 높다. 이들은 세상에 대항하고 도덕적 관념과 정의, 진리에 관심이 많기에 당연히 해야 하는 의무나 의리를 중요시한다. 대인관계 안에서도 의무와 의리가 많은 부분을 차지하고, 의사 결정에서도 규율과 정도에 맞는 도덕적 의사 결정을 선호한다.

본능유형의 자아 경계는 분노의 표출 방향에 따라 외부로 향하는 것과 내부로 향하는 것으로 나눌 수 있다.

8번 유형의 분노는 환경에 대항하여 외부로 향해 있다. 8유형의 힘은 외부에 초점을 맞춰 세상을 향해 흘러간다. 이들은 끊임없이 에너지를 밖으로 내보내기 때문에 어떤 유형보다 에너지가 크게 느껴진다. 이로 인하여 누구도 8유형에게 쉽게 다가오거나 해치기 어렵다. 이들은 타인이 자신을 통제하거나 다가가 허물 수 없도록 자신을 지킨다는 삶의 태도를 가진다. 8유형은 보통 진실,

---

6 Richard Rohr & Andreas Ebert, 『내 안에 접힌 날개』, 95.

생명, 정의에 대한 열정이 넘친다. 이들은 세상을 불공평하다고 보기 때문에 죄 없고 연약한 사람들은 보호해야 한다는 생각에 분노를 외부로 나타낸다. 따라서 8유형의 분노는 항상 합리적인 것이 아니더라도 그들이 생각하기에 부조리한 것과 불의한 것에 맞서는 공격성이라고 할 수 있다.[7] 8유형의 에너지는 강력한 힘으로 외부로 드러나지만 이들 내면에는 '연약한 어린아이'가 숨어 있고 자신의 힘을 이용해 이를 보호하고 있음을 깨닫고 놀랄 때가 있다.[8]

1유형의 분노는 자신 내부의 충동에 대항하면서 내부로 향해 있다. 1유형은 자신의 내면의 자아 경계를 유지하기 위해 엄청난 육체적 긴장을 만들어낸다. 이들은 특정한 무의식적 충동을 억제하기 위해 엄청난 에너지를 쏟는다.[9] 특히 1유형은 분노가 있으나 완벽해야 한다는 이유로 분노를 밖으로 표출시키지 못하고 자신 안에서 절제한다. 다시 말해 이들은 분노하는 자신이 외부로 드러나지 않도록 자신을 억압한다. 이들은 완벽을 위해 자신의 위협적인 충동에 대처하면서 충동과 반대되는 반동형성reaction formation을 방어기제로 사용한다. 그런데도 타인은 1유형의 분노 에너지를

7 Richard Rohr & Andreas Ebert, 『내 안에 접힌 날개』, 313-322.
8 Christopher L. Heuertz/이지혜 옮김, 『에니어그램과 영적 성장』 (IVP, 2019), 148.
9 이금만, "신앙교육과 에니어그램 ─ 개혁형 인간을 위한 신앙교육", 「기독교교육」 173 (2009), 80-85.

느낄 수 있다.[10] 리차드 리소Richard Riso는 지그문트 프로이트Sigmund Freud 범주 안에서 에니어그램 1유형 설명을 시도하고 있다. 그에 따르면 1유형은 '청결'과 관련하여 심리학적으로 배변 거부와 연결되어 있다. 따라서 그는 1유형을 '항문기 보존anal retentive'이라고 보았다.[11] 1유형은 분노의 에너지를 내부로 가져와 자기 절제를 통해 자제심과 우월감을 가진다. 이들은 도덕적이고 원칙적이며 완벽을 추구하고, 정직하며 공정함에 관심이 많다. 이들은 대인관계 안에서 옳고 그름을 실현하기 위해 투쟁적이고 비판적이다. 그리고 이를 위해 타인뿐 아니라 자신에게도 높은 가치관을 가진다.[12]

9유형은 '위협'에 대항하여 내부와 외부의 양쪽 모두로 향하는 에너지를 가지고 있다. 이들은 본능유형의 중심에 있다. 9유형은 에너지가 내·외부 양쪽으로 향해 있기 때문에 본능유형의 자아 경계의 핵심 감정인 분노가 자신에게 있다는 사실조차 잘 인식하지 못한다. 9유형의 내면에는 잠자는 활화산과 같은 분노가 숨겨져 있다. 이들은 자신 안에 있는 내면의 분노를 인식하지 못한다. 또한 타인도 인식하지 못한다. 이들은 내·외부 모든 영역에서 자신의 자아 경계를 유지하려고 노력한다. 쉴 사이 없이 내부와 외

---

10 Don Richard Riso & Russ Hudson, 『에니어그램의 지혜』, 136-152.

11 Richard Rohr & Andreas Ebert, 『내 안에 접힌 날개』, 116-124.

12 Christopher L. Heuertz, 『에니어그램과 영적 성장』, 127.

부의 자아 경계를 유지하려는 노력으로 쉽게 피로하게 되는 9유형은 세상을 살아가는 데 쓸 수 있는 에너지가 별로 없어[13] 사람들 가운데 존재감이 드러나지 않는 편이다.

결과적으로 본능유형은 생존과 관련되어 있는 몸에 관심이 많다. 몸의 에너지는 본능유형의 중심 에너지가 된다. 본능유형은 자신의 에너지를 개발하면서 세 가지 에너지(본능, 감정, 사고) 사이에서 균형을 이루게 되면, 완전함과 안정감, 독립성을 얻을 수 있게 된다. 몸은 우리가 다루어야 할 가장 강력한 에너지일 뿐만 아니라 진정한 변화를 인식할 수 있도록 도와준다. 몸은 현재 존재하는 것에 대해 인식할 수 있도록 하기 때문에 영적 성장에서 매우 중요한 역할을 한다.

2. 감정유형

에니어그램 2번, 4번 3번은 '감정유형'이다. 감정유형은 '관계 지향적인 사람들'이다. 감정유형의 힘의 원천은 감정Emotion에 있다. 이러한 감정은 주로 타인과 관련되어 있고, 상호 주관적인 관계로 연결되어 있다. 카렌 호니는 감정유형의 사람을 '지향적 유형'의 사람이라고 부른다.[14] 감정유형은 타인과의 상호 관계에 지

---

13 Don Richard Riso & Russ Hudson, 『에니어그램의 지혜』, 69-75.

향성을 가지고 사회적 관계 안에서 자신의 정체성을 찾는다. 이러한 이유로 이들은 주변인들과의 갈등과 결핍에 민감하다. 또한 감정유형은 타인에게 비치는 자아 이미지와 권위가 자신의 실제 정체성이라고 믿는 거짓 정체성을 갖는다. 이들은 그 정체성과 자신을 동일시하기에 감정과 자신을 분리하기 어려워하기 때문에 '진정한 자기'의 부재로 인한 결핍을 가지게 된다. 모순되게도 이들은 관계로 인한 자신의 결핍을 보상받기 위해서 더욱 관계에 집착한다. 이들은 대상과의 관계에서 친밀감을 표현하고 확인하는 것으로 자신의 존재를 확인하고, 따뜻한 정서적 관계에 따라 관계 맺고, 의사를 결정한다. 그러나 이들은 자주 과거를 회상하고 후회하면서 수치심과 불안 속에서 산다.[15] 감정유형의 자아 경계는 '수치심'과 '불안'이라는 내부 핵심 감정과 연관되어 있다. 따라서 이들의 정서적 습관의 내부 감정은 '수치심'과 '불안'이다. 감정유형은 쾌활하고 따뜻하며 조화롭게 보이지만 내면에 공허감, 무력감, 수치심, 불안이 있다.

감정유형의 자아 경계는 수치심이나 불안과 관련된 자아 이미지를 표출하는 방향에 따라 외부로 향하는 것과 내부로 향하는 것으로 나눌 수 있다.

2유형은 수치심과 불안을 외부로 드러낸다. 이들은 타인으로

---

14 Karen Horney, 『갈등의 심리학』, 18.
15 이종의, 『나와 너의 만남 에니어그램』, 50-53.

부터 인정받기 위해서 자신의 에너지와 주의를 타인에게 기울인다. 2유형은 타인이 자신을 좋아하길 원하여 스스로 타인을 위해 희생한다. 다시 말해 2유형의 감정의 초점은 타인에게로 향해 있어 착한 행위를 많이 한다.[16] 이들은 착한 행위로 '부모 노릇'[17]을 하기 때문에 타인으로부터 자주 칭찬과 인정받는 경험을 한다. 그러나 이러한 경험은 이들이 정서적 교만이라는 팽창된 자아를 갖게 한다.[18] 이들의 자아 이미지는 외부로 향해 있고 팽창된 자아로 인하여 자신의 감정을 알아채거나 자신의 감정을 말하는 데 어려움을 느낀다. 또한 타인을 위해 자신의 욕구와 감정을 억압하고 부정하기 때문에 자기 자신을 돌보지 못한다. 2유형은 타인을 돕는 행위가 자신의 에너지가 되고, 자기 정체성의 바탕이 된다고 생각하기 때문에 내면의 소리를 들으려 하지 않는 경향이 많다.

4유형은 수치심이나 불안과 관련된 자아 이미지를 자신의 내면으로 향하게 한다. 4유형은 일반적으로 과거에 집착하고 그 안에서 만들어진 자기 이미지에 집중하는 편이다. 이들은 실제 일어난 사건보다 경험한 사건을 통해 만들어진 이미지나 느낌을 더 크게 느낀다. 이들은 자신이 만들어놓은 이미지 안에 갇혀 지내며

---

16 이금만, "신앙교육과 에니어그램 — 협력형 인간을 위한 신앙교육", 「기독교교육」 174 (2009), 96-99.

17 Richard Rohr & Andreas Ebert, 『내 안에 접힌 날개』, 141.

18 김영운, "에니어그램, 자아발견의 여로", 「기독교사상」 565 (2006), 272-278.

힘들어하면서도 무의식적으로 이를 유지하려고 애를 쓴다. 다시 말해 4유형은 무의미와 상실에 대한 분노를 자신에게로 가져가 수치심에 지배당하면서 자신을 이방인이라고 여기고 자신이 가지지 못한 것에 대해 예민하게 반응하며 선망한다.[19] 이들의 선망은 인간관계 안에서 타인을 향한 질투로 표현된다. 이들은 이미 자신이 소유한 어떤 것보다 다른 것을 가지고 싶어 하는 갈망을 더 중요하게 느끼는 편이다. 특별히 4유형은 다른 사람이 가지지 않은 독특하고 특별한 것을 선호한다. 이들은 아름다움과 숭고한 고유성을 갈망한다.[20] 또한 남과 다른 '특별함'을 가지기 위해 자신의 에너지를 쏟는다. 이들의 '특별함'은 특출한 능력이 아니라 다른 사람들이 겪지 않는 고통과 괴로움 속에 만들어진 연민이라 할 수 있다. 이처럼 4유형의 정서적인 에너지는 자기에게 집중되어 있다. 이들은 타인의 장점을 그대로 인정하지 못하고 자신과 비교하며 자기 열등감이나 비하로 빠지는 경향이 있다.

3유형은 수치심이나 불안과 관련된 자아 이미지 에너지가 자신과 타인, 양방향으로 향하고 있다. 3유형은 감정유형의 중심에 있다. 그러나 모순되게 에니어그램의 어떤 성격유형보다도 자신의 감정을 자각하는 데 어려움을 느낀다. 이들은 성공을 위해 효율성을 중요하게 생각하고, 효율성에 위배가 된다고 생각하면 감

19 Richard Rohr & Andreas Ebert, 『내 안에 접힌 날개』, 200-203.
20 Sandra Maitri, 『에니어그램의 영적인 지혜』, 215-220.

정까지도 과감하게 배제한다. 3유형은 일의 성공과 능률을 위해 자신의 감정을 배제하며 살아가고, 탁월한 성공과 효과적인 과업 수행을 위해 애쓰며 살아간다. 이들에게 있어 일의 성공은 자신의 성공이고, 이것을 곧 자신의 정체성으로 삼는다. 따라서 이들은 '진정한 자기'보다 다른 사람들에게 드러나는 '자기'에 더 관심이 많다.[21] 이들은 자기 자신이 이루어 놓은 것으로 사랑을 받을 수 있다고 여기기 때문에 타인의 기대치에 부응하지 못한 사람은 성공하지 못한 실패자라고 여긴다. 다시 말해 3유형은 성취에 따라 자신의 가치를 인정받고 칭찬을 받을 수 있다고 생각하는 경향이 있어 성공을 위해 자기 자신을 기만하고 속인다.[22] 그렇다고 해서 이들의 기만이 속임수는 아니다. 이들의 기만은 자신이 원하는 것을 얻기 위해서 필요한 입장, 역할, 의견 등을 준비하거나 전환하는 능력을 말한다.[23] 이렇게 상황에 따라 태세를 전환하며 자신을 바꾸어 관계하기 때문에 진정한 자기를 찾거나 만나기 힘들다. 3유형은 외적인 성공을 위해 살아가려는 노력으로 자신의 내면을 돌보지 못하여 내적 공허감에 시달리는 편이다.

결과적으로 감정유형은 사회적 관계 안에서 자신의 정체성을

---

21 이금만, "신앙교육과 에니어그램 — 성취형 인간을 위한 신앙교육", 「기독교교육」 172 (2008), 96-99.

22 Don Richard Riso & Russ Hudson, 『에니어그램 성격유형』, 124-128.

23 Christopher L. Heuertz, 『에니어그램과 영적 성장』, 134.

찾기 때문에 감정이 중요한 위치를 차지한다. 감정은 영적 성장에서 풍성함을 가져다준다. 감정유형은 감정이 '자기'에게 어떻게 집중되어 있느냐에 따라 유형의 특징을 달리한다. 앞에서 언급했듯이 감정유형은 관계에 집중하고, 타인의 요구와 관심에 따라 자기 이미지를 만든다. 이들은 타인의 기쁨이 되기 위한 노력이나 칭찬과 인정받을 수 있도록 자신을 채근하고 몰아붙이는 경향이 있다. 이들은 타인과의 관계를 통해 자신을 바라보기 때문에 늘 '나는 누구인가'라는 정체성의 문제에 혼란을 느낀다. 진정한 자기를 만나지 못하면 영적 성장을 이루기 힘들게 된다. 감정유형은 자신의 에너지를 개발하면서 세 가지 기본 에너지의 균형을 이루어야 한다. 감정 에너지의 균형이 무너지면 건강하지 않은 방향으로 자신을 몰아가기 때문에 진정한 자기를 들여다보기 힘들어진다.[24] 따라서 인간의 온전성을 회복하기 위해서는 어느 한쪽으로 치우치지 않는 균형이 중요하다.

3. 사고유형

에니어그램 7번, 5번, 6번, 유형은 '사고유형'이다. 사고유형의 힘의 원천은 생각Thinking에 있다. 사고유형의 자아 경계 안에 있는 핵심 감정은 '두려움'이다. 이들은 '두려움'이라는 정서적 습관을

---

24 Richard Rohr & Andreas Ebert, 『내 안에 접힌 날개』, 96.

지닌다. 또한 두려움으로 인해 매우 불안정하다는 특징을 가진다. 사고유형은 타인과의 관계에서 안정감을 확보하기 위해 항상 일정한 거리를 유지하려고 애쓴다. 이러한 이유로 인해 카렌 호니는 이들을 '혐오 유형'이라고 부른다.[25] 이들은 타인과 관계 맺거나 의사를 결정할 때, 논리적이거나 객관적 정보에 근거하여 결정하려고 한다. 사고유형은 꾸밈이 없고 객관적인 편이다. 그러나 이들은 객관적이고, 논리적이며 설득력 있는 모습 뒤에 두려움으로 인한 불안정감이 항상 내재해 있다. 특히 이들은 미래에 대한 걱정과 두려움이 많아 스스로 보고 확인한 것만 믿는 경향이 강하다. 확실한 것을 선호하는 이들은 안전을 위해 자신과 주변의 상황 파악에 관심이 많다.[26] 사고유형의 자아 경계는 두려움의 표출 방향에 따라 외부로 향하는 것과 내부로 향하는 것으로 나눌 수 있다.

7유형의 자아 경계와 관련된 에너지는 내면세계에 대한 두려움을 대항하기 위해 외부로 향하고 있다. 7유형은 외적인 쾌락과 즐거움을 탐닉한다. 이들은 재미없다고 생각되거나 부정적이라고 여기는 모든 것을 고통으로 이해한다. 이들은 내면의 두려움을 이기기 위해 즐거움과 기쁨을 머릿속에서 만들어낸다. 그리고 고통을 외면하면서 두려움에 맞서기 위해서 주로 자기 합리화로 최면을 건다.[27] 또한 7유형은 외부의 더 많은 선택과 더 많은 즐거움

---

25 Karen Horney, 『갈등의 심리학』, 19-20.
26 이종의, 『나와 너의 만남 에니어그램』, 54-57.

을 찾아 헤매며 자신의 에너지를 소비한다. 이들은 늘 무한한 가능성이 자신 앞에 열려 있다고 생각하기에 절제하기 힘들어한다. 게다가 항상 최상의 것만을 생각하는 편이다. 이렇게 7유형은 고통 가운데 있다고 생각할 때 자신을 외면하기 때문에 타인뿐 아니라 자신의 내면을 탐색하기 어렵다.[28] 7유형은 외향적이고 모험을 즐겨 외부 세계로 향해 가는 것에 두려움이 없어 보인다. 이로 인한 두려움으로 인해 자기에게 집중하지 못하고 세상으로 도망치고 있다는 사실을 알아차리기 어렵게 된다.

5유형의 자아 경계와 관련된 에너지는 두려움에 대항하여 내부로 향해 있다. 5유형은 외부세계에 대한 두려움에서 벗어나기 위해 내면으로 도망간다. 따라서 이들은 내성적이고 잘 드러나지 않는다는 특징을 지닌다. 이들은 세상의 두려움으로부터 탈출하기 위해 아무도 방해할 수 없는 자신만의 내면세계로 도피하는 것을 선호한다.[29] 이들에게 가장 안전한 장소는 자신의 마음이다. 특히 5유형은 세상과의 대면을 위해 내면에 끊임없이 무엇인가를 비축하고 저장하기를 좋아한다. 그리고 이러한 것들만이 자신을 안전하게 해 준다고 생각한다. 또한 5유형은 자신의 눈으로 확인하지 않고는 외부로부터 받는 지원이나 도움을 신뢰하지 않는다.

---

27 Don Richard Riso & Russ Hudson, 『에니어그램의 지혜』, 348-349.
28 Don Richard Riso & Russ Hudson, 『에니어그램 성격유형』, 305-306.
29 Don Richard Riso & Russ Hudson, 『에니어그램의 이해』, 132-134.

게다가 외부세계와의 관계나 교류를 불편하게 생각하고 무엇이든
혼자 해결하려는 의지가 강해 일정한 거리를 두려는 특징을 가진
다. 이러한 특징으로 인해 이들은 타인을 밀어내는 성향 때문에
늘 외로움에 시달린다. 그러면서도 타인이 자신과의 관계 속에 깊
숙이 들어오는 것을 힘들어할 뿐만 아니라 함께 참여하면서 행동
하는 것도 어려워한다. 이들이 보이는 양가적인 태도는 주변의 사
람을 혼란스럽게 할 뿐만 아니라 스스로 균형을 잃게 만든다.[30]

또한 5유형은 자신의 영역 확보가 무엇보다 중요하기 때문에
인간관계나 해야 할 수행업무를 받았을 때, 평소보다 더 감정이
차단되어 자기만의 영역 안으로 들어가 머리로 분석하는 특징을
보인다.

6유형의 자아 경계 안에 두려움과 불안에 관련된 에너지는 외
부와 내부, 쌍방으로 흐른다. 6유형은 사고유형의 중심에 위치해
있다. 이들은 세상이 위험한 곳이라는 사고에 사로잡혀 안전을 위
해 무엇인가를 확증하고 모든 것을 미리 예견해서 준비하기를 원
한다. 이들은 이들 안에 자리잡고 있는 막연한 두려움 때문에 안
전과 생존을 위해 언제나 애쓴다. 6유형은 안전에 대한 지나친 갈
망으로 인해 변화를 불편하게 생각하기 때문에 오랫동안 계승된
전통이나 폐쇄적인 체계를 선호한다.[31] 이들은 자신이 느끼는 공

30 Sandra Maitri, 『에니어그램의 영적인 지혜』, 320-328.
31 Don Richard Riso & Russ Hudson, 『에니어그램의 지혜』, 297-300.

포에 대처하기 위해 두 가지 태도를 가진다. 하나는 '공포순응형' 이고, 다른 하나는 '공포대항형'이다. 공포순응형은 공포에 순응하여 전통과 권위를 따라가는 반면, 공포대항형은 비록 자기 생각을 행동으로 옮기기까지 많은 두려움에 시달리기는 하지만, 행동하기 시작하면 반항적이고 투쟁적으로 전통과 권위에 대항하는 모습을 보인다. 이처럼 6유형은 자아 경계 안에서 두려움에 대항하는 태도에 따른 에너지가 내·외부 쌍방으로 향해 있고, 어느 한쪽으로 결정되어 있지 않다.[32] 또한 6유형은 막연한 두려움과 공포로 인해 만성적인 자기 의심이 있다. 이들은 확실하지 않은 외부 세상에 오는 두려움을 피하기 위해 내면으로 도망치는 특징을 가진다.[33] 또한 내면의 고통과 슬픔을 바라보는 두려움에서 도망치기 위해 외부로 도망치면서 불안정한 모습 속에서 균형을 잃어간다.

결과적으로 앞으로 다가올 미래에 관심을 두고 사고를 통해 미래를 준비하는 사고유형은 두려움에 대항하기 위한 에너지의 흐름에 따라 유형이 나뉜다. 사고유형은 알 수 없는 미래의 불확실성으로 인해 두려움을 가지고, 불확실한 미래로 인해 내면의 고요와 지혜를 얻을 수 없어서 항상 두려움을 느낀다. 그러나 사고유형은 자신의 영적 성장을 위해서 사고 에너지를 개발함과 동시에

32 Sandra Maitri, 『에니어그램의 영적인 지혜』, 107-108.
33 Don Richard Riso & Russ Hudson, 『에니어그램의 이해』, 142-143.

세 가지 기본 에너지의 균형을 이루어야 한다. 사고 에너지의 균형이 무너지면 왜곡된 사고로 인하여 내면의 안정을 이룰 수 없다. 내면의 고요와 안정을 회복하기 위해서는 사고 에너지뿐 아니라 세 가지 에너지의 균형이 중요하다.

제2부

에니어그램
의식 수준이란

본 장에서는 에니어그램 의식 수준에 관하여 알아보고자 한다. 우선 의식과 의식 수준 그리고 의식 수준 발달이 무엇인지 살펴보고자 한다. 특히 의식 상태나 변형에 따른 의식발달 그리고 의식 발달 수준 개념의 이해를 통해 에니어그램이 지향하는 성장의 의미를 살펴보고자 한다.

　　에니어그램에서 언급하는 의식, 의식 수준 그리고 의식발달 수준이란 과연 무엇을 말하는가? 또 의식발달이 의식 상태나 변형에 따라 어떻게 변화하는가? 에니어그램 의식 수준에 대한 개념 이해와 발달의 변화에 관한 질문은 인간의 의식발달과 영적 성장에 밀접한 상관관계를 말해준다.

I. 조지 이바노비치 구르지예프의 의식 수준

1. 구르지예프의 의식 상태

에니어그램의 의식과 의식 수준의 이해는 에니어그램이 어떻게 인간의 영적 성장을 위한 변형의 도구가 될 수 있는지 이해하는 데 중요한 자료가 된다. 이를 위해서 구르지예프의 인간 의식 상태와 변형을 탐색하는 것은 인간의 의식발달을 통한 성장의 의미를 알아볼 수 있는 기회가 된다.

사전적 의미로서 의식意識은 자기 자신이나 사물에 대하여 인식하는 작용으로, 느끼거나 인식하는 모든 정신 작용을 뜻한다. 한자로 '의식意識'은 '의미'를 나타내는 '의意'와 '안다'라는 의미를 지닌 '식識'이 합쳐져 있어 '깨달아 안다'라는 의미를 지녔다고 할 수 있다. 뿐만 아니라 어떤 대상의 뜻과 의미를 아는 힘 혹은 능력과 관련되어 있다.[1] 이렇게 볼 때 의식意識, consciousness이란 심적 기능이 행해지는 기반基盤 혹은 매체媒體라고 할 수 있다.[2] 또한 넓은 의미로 의식은 깨어 있는 상태에서 대상에 관한 '경험'으로 이해할

---

1 위키백과, 2018. 11. 28. https://ko.wikipedia.org/wiki/의식.
2 송지영, 『정신 증상』 (집문당, 2010), 235.

수 있다. 이는 현재 직접 경험하고 있는 심적 현상의 총체로 현실에 있어서 인간 개개인이 직접 경험하는 심리적 현상의 전체를 의미하기도 한다. 이렇게 볼 때 의식의 의미는 한마디로 정의하기 어렵다. 구르지예프는 이렇게 다소 막연한 의식의 개념을 에니어그램을 통해 구체화하려고 하였다. 그는 인간을 세계 창조 질서의 법칙에 따른 '소우주'라고 보았다.[3] 그는 인간의 실존과 인간이 지배를 받는 법칙이 무엇인지에 관한 관심이 많았다. 그에 따르면 인간을 이해하는 것은 세계를 이해하는 것이다. 그는 세계의 질서와 법칙을 알아가는 것이 자신을 아는 길이고 이것이 곧 의식con-sciousness이라고 보았다.[4]

한편 구르지예프는 인간을 내적 성장이 가능한 가능성의 존재로 보았다. 그는 모든 인간이 의식의 확장 즉, 의식의 개발을 통해 내적 성장이 가능한 잠재력을 가지고 태어났다고 보았다. 그에 의

---

3 P.D. Ouspensky, 『위대한 가르침을 찾아서』, 204-212.
4 황임란, "에니어그램과 의식의 발달 수준," 「명상심리상담」 16 (2016), 13. 에니어그램을 현대 심리학과 접목해 구체적으로 확장한 리소는 다소 모호한 의식의 정의에 관하여 그의 책에서 다음과 같이 정의한다. "무엇이 의식인지 정의하기보다는 무엇이 의식이 아닌지 정의하는 게 더 쉬울 것이다. 예를 들어 우리는 의식이 생각이나 느낌, 움직임, 직관, 본능은 아니라고 말할 수 있다. 그러나 의식은 이것 중 하나 혹은 모두를 포함할 수 있다. 가장 활발하고 집중된 생각도 의식은 아니다. 우리는 무슨 이야기를 쓸 것인가 열심히 생각하면서 동시에 사고의 과정이 일어나는 것을 알 수 있다…. 대개의 경우 우리의 의식은 내면의 말에 완전히 빠져 있기 때문에 우리 자신을 의식으로부터 분리하지 못한다. 그러나 의식이 확장되면 우리는 내면의 말에서 한 걸음 물러나서 우리 자신을 관찰할 수 있다." 리소의 의식발달 수준에 관하여서는 다음 장에서 충분히 다루도록 한다. Don Richard Riso & Russ Hudson, 『에니어그램의 지혜』, 56-57. 참고.

하면 처음 인간은 복수의 존재로 태어난다. 복수의 존재로 태어난다는 것은 개인을 설명할 수 있는 여러 현상을 이해하고 설명하는 '나'가 수많은 '작은 나'로 되어 있다는 것이다. 또한 그에 의하면 보통 인간은 복수로서의 나를 인식할 수 없는 상태에 멈춰 자각하지 못하는 기계와 같은 존재이다. 즉 자극에 대하여 반응하는 인형처럼 기계화된 대부분의 인간은 의식의 수면 상태에서 생을 마감하게 된다.[5] 이 상태의 인간은 정서의 지배를 받게 되고 의식적인 결정이 존재하지 않으며 기계적인 습관에 의해 행동하게 된다.[6]

그런데 구르지예프에 따르면 인간은 기계와 같은 상태에서 벗어나 객관 의식을 갖춘 주체가 되어서야 성장할 수 있다. 왜냐하면 깨어있는 의식 상태가 되어야 의식의 변형적 성장이 일어난다고 보기 때문이다. 변형적 성장이란 마치 애벌레와 번데기가 죽음을 통해 나비라는 전혀 다른 형태를 이루는 것과 같다. 이와 마찬가지로 인간은 자아의 죽음을 통해 의식의 변형이라는 새로운 의식 상태로 성장할 수 있다.[7] 그러나 인간에게는 기계적인 상태에서 벗어나지 못하도록 하는 방해물이 있는데 이것이 '완충장치buffer'

---

5 박영은, "게오르기 구르지예프의 철학과 수행에 내재된 유라시아적 특성 연구", 「슬라브학보」 28, 1, (2013), 88.

6 G. I. Gurdjieff/달마 & 풀라 편역, 『자기 기억과 자아탐구를 위한 작업』 (서울: 미내사클럽, 2006), 18-19.

7 G. I. Gurdjieff, *Views From the Real World* (NY: Penguin Compass, 1984), 40.

이다. 완충장치는 인간이 스스로 깨어나지 못하도록 방해하는 작업으로 다음 단계로의 진입을 방해하는 장벽을 의미한다. 완충장치란 지극히 자기중심적이어서 자신의 약점에 관대할 뿐 아니라 자신에게 정당성을 부여하여 기계적인 상태를 인식하지 못하도록 방해한다. 그러나 인간은 기계적인 상태에서 벗어나야만 의식의 변형을 통한 성장을 이룰 수 있다. 구르지예프에 따르면 인간이 의식성장을 하기 위해서는 완충장치를 약화시켜서 자신의 의식이 깨어나게 하기 위한 '자기 상기self remembering'를 해야만 한다.[8]

구르지예프는 의식 개발을 통한 내면 성장의 지표가 될 수 있는 인간의 의식 상태를 4단계로 나눈다. 그는 '세상 속에서 살되 세상을 초월한 길'을 통해서만 온전히 진리에 도달할 수 있다고 보았다. 나아가 그의 제자 페테르 우스펜스키Pyotr Demianovich Ouspensky는 구르지예프의 이러한 의식 상태 개념을 심화 계승하였다. 우스펜스키는 구르지예프가 주장하는 인간 성장을 위한 '무브먼트'[9]는

---

8 G. I. Gurdjieff, 『자기 기억과 자아탐구를 위한 작업』, 37-48.
9 '무브먼트'는 구르지예프가 구체화한 작업으로 신성무 혹은 동작무(Gurdjieff sacred dance, Gurdjieff movement)라고 한다. 무브먼트는 행위 속에서 이루어지는 명상으로 춤이라고 하는 예술 형태와 지식 전달이라고 하는 언어적인 요소를 포함한다. 무브먼트는 조화로운 상태를 성취하고자 하는 수단이 되며 고대의 지혜를 전달하고자 하는 언어 도구로서의 목적을 가진다. 무브먼트는 자신의 관점을 여러 개로 나누는 노력을 하기 때문에 본능 센터, 감정 센터 그리고 사고 센터의 역할과 깨어 있는 의식이 절대적으로 필요한 춤과 행위이다. 그는 이러한 무브먼트를 통해 인간은 진정한 빛을 발견하며 변형을 이룬다고 한다. G. I. Gurdjieff/풀라 옮김, 『놀라운 사람들과의 만남』(샨티, 2012), 참고.

고행이나 종교적 수행과 같은 배척이나 포기와 다르다고 한다. 그래서 그는 이를 '제사의 길The Fourth Way'이라고 한다.[10] 그는 인간의 의식 상태를 네 가지 상태로 설명한다.

첫 번째 의식 상태는 수인囚人 상태로 '수면 상태sleep state'이다. 이 상태는 수면과 깨어있음의 중간에 위치한다. 수인 상태에서는 자신이 자신의 감옥에 갇혀 있다는 사실을 인식하지 못한다. 인간은 자신이 수인 상태라는 사실을 인식하기 전에는 이 감옥에서 빠져나올 수 없다. 우스펜스키는 이러한 구르지예프의 관점을 다음과 같이 말한다.

당신이 만나거나 당신이 알고 있고 당신이 장차 알게 될지도 모를 모든 사람은 당신이 말했듯이 외부의 영향만으로 움직이는 실질적인 기계들일 뿐입니다. 그들은 기계로 태어나서 기계로 죽습니다. 야만인과 지성인 모두 같습니다. 지금 우리가 대화를 나누고 있는 이 순간에도 수백만의 기계들이 서로를 몰살시키려고 하고 있습니다. … 인간은 기계입니다. 인간이 하는 모든 행

---

10 제사의 길은 고행자, 수도자, 요가 수행자의 길처럼 확실한 형태가 없다. 제사의 길은 발견되는 길이다. 제사의 길에 대하여 듣지 못한 사람들도 많고, 그것의 존재나 가능성에 대해 부정하는 사람도 있다. 제사의 길은 수행자, 수도자, 요가 수행자의 길보다 쉽다. 이 길은 하던 일을 계속하고 사람들과 이전에 맺었던 관계를 지속하며, 아무것도 포기하지 않고 평소의 생활환경을 유지한 채 수련하면서 이 길을 추구하는 것이 가능하다. P.D. Ouspensky, 『위대한 가르침을 찾아서』, 59-98. 참조. (『위대한 가르침을 찾아서』는 2012년에 『구르지예프의 길』로 다시 번역되었다.)

위, 행동, 말, 생각, 감정, 확신, 의견, 버릇 등은 외부에서 미치는 영향, 외부로부터 받아들이는 인상에서 기인하는 것입니다.[11]

또한 수인 상태는 다음 단계로 성장하는 것을 방해하는 완충장치가 팽배해지는 시기이기도 하다. 수인 상태에서는 다음 단계로의 성장을 방해하기 위한 작업이 계속된다. 구르지예프에 따르면 온 우주의 모든 것은 변화, 발전, 퇴화, 파괴를 계속한다. 그러나 그에 따르면 퇴화와 파괴를 제외하고는 기계적으로 진화하는 것은 아무것도 없다. 그래서 그는 인간의 진화와 성장은 의식적인 무브먼트로만 가능하다고 했다.

두 번째 의식 상태는 선잠에서 깬 상태라 할 수 있는 '각성 상태 ordinary waking state'이다. 구르지예프에 의하면 인간은 태어날 때 몸 body, 본질essence 그리고 성격personality이라는 분리된 기계가 함께 태어난다. 몸은 본능 중심으로, 본질은 정서 중심으로, 성격은 사고 중심으로 세 가지 중심이 된다.[12] 인간은 깨어있는 상태에서 본능, 정서 그리고 사고라는 세 개의 하위층 중 하나에 의해 지배당한다. 그리고 그 지배당하는 모습이 흔히 성격이라고 불리는 상태를 의미한다. 인간은 깨어있는 상태에서 완전하게 자신에 대한 의식을 가지고 있지 않다. 그럼에도 깨어 있는 상태에서는 다음 단계로의

---

11 P.D. Ouspensky, 『위대한 가르침을 찾아서』, 38-45.
12 G. I. Gurdjieff, *Views From the Real World*, 136-142.

성장이 가능하다. 그렇다고 하더라도 아직 이 상태에서의 의식 수준이 명확하거나 일관성이 있는 것은 아니다. 그렇기 때문에 이 상태에서 인간은 깊이 있는 자기 탐색을 하기 어렵다. 다시 말해 깨어있는 상태에서 의식변화는 내적인 노력으로만 가능하다는 것을 알 수 있다.

세 번째 의식 상태는 자신을 의식할 수 있는 '자기 의식 상태self-consciousness state'이다. 자기 의식 상태는 고차원적인 정서 중심에서 작용한다. 인간이 저절로 이 상태를 경험하기는 어렵다. 인간이 세 번째 의식 상태에 이르기 어려운 이유는 다음과 같다. 첫째로 자기 의식 상태로 성장하기 위해서는 감정 상태를 조절하고, 상황에 따른 적절한 대처가 가능한 상태가 되어야 한다. 구르지예프 따르면 이러한 상태는 주의력과 자각의 적절한 분배를 할 수 있을 때야 비로소 가능한데, 이는 수행을 통한 자각에 의해서야 가능하다는 것이다. 둘째로 이 상태를 경험하기 힘든 이유는 인간이 자신에게 자기의식이 있음에도 그 사실을 잊어버리고 기계적이고 습관적인 저차원적 의식의 삶을 살아가고 있기 때문이다. 구르지예프에 따르면 이는 마치 좋은 집에 살고 있으면서도 지하에 머물며 집의 존재에 대해 논쟁하는 것과 같다는 것이다.[13] 마지막으로 어려운 점은 인간에게 고차원 의식으로 발전하려는 것을 방해하

---

13 G. I. Gurdjieff, *Views From the Real World*, 143-147.

는 요인이 내재하여 있기 때문이다. 이것은 융Carl Gustav Jung이 말하는 조상으로부터 물려받은 집단무의식과도 흡사한 것이라고 할 수 있다.14 이것은 자신을 잃어버릴 정도로 대상에 몰두하며 자신이 존재하지 않은 것처럼 인식하는 동일시에서 기인하는 것이다.15

네 번째 의식 상태는 존재하는 것들을 꿰뚫어 볼 수 있는 '객관적인 의식 상태objective consciousness state'이다. 이 의식 상태는 모든 존재에 대한 진리를 찾을 수 있고, 자신의 본질을 바라볼 수 있는 단계이다.16 이 상태에서는 고차원의 지성이 중심으로 작용하여 존재하는 모든 것에 대한 진리를 볼 수 있다. 그래서 이 의식 상태를 '우주 의식' 혹은 '신성한 의식'이라고도 부른다.17

이상과 같이 제사의 길이라고 일컬어지는 구르지예프의 의식

---

14 융이 말하는 집단무의식(collective unconscious)이란 조상으로부터 물려받아 잠재되어 있는 전 인류에 대한 공통의 기억이나 이미지라 할 수 있다. 다시 말해 집단무의식이란 한 개인의 마음에 잠재되어 있고 보편적인 사람들이 공감하는 일반적인 내용을 담고 있다. 융은 집단무의식을 구성하고 있는 것을 '원형' (Archetype)이라 보았다. 이때 원형이란 전인류 공통의 기억이나 이미지의 모티브가 되는 것이다. 원형이란 본능 구조의 요소들을 나타내기 때문에 원형이미지(archetypal image)라고 보는 것이 더 정확하다. 이 원형 이미지에는 여러 가지 있다. 그중에서도 특히 중요하다고 일컬어지는 '페르소나'(가면을 쓴 인격), '그림자', '아니마'(Anima: 남성 속의 여성적 요소), '아니무스'(Animus: 여성속의 남성적 요소)가 있다. Steven F. Waker/장미경 외 옮김, 『융의 분석심리학과 신화』 (시그마프레스, 2012) 참고.
15 이순자, "구르지예프, 베어 및 리소의 에니어그램 비교", 36-37.
16 김새한별, "에니어그램과 유대신비주의", 223.
17 P. D Ouspensky, 『위대한 가르침을 찾아서』, 244-246.

상태이론은 성장의 의미를 포함하고 있다. 그에 의하면 의식 상태는 낮은 단계에서부터 높은 단계가 있다. 낮은 단계는 발달되지 못한 미발달 상태고, 높은 단계는 성장의 상태라고 볼 수 있다. 이미 언급했듯이 구르지예프는 완충장치의 힘을 약화시켜 깨어있는 의식 상태가 되고, 본능 중심, 정서 중심 그리고 사고 중심이 균형을 이루어야 의식 상태의 성장을 이룰 수 있다고 보았다. 그에 의하면 이러한 의식 상태로의 성장은 의식 계발을 통한 무브먼트를 해야만 가능해진다. 결국 구르지예프가 주장하는 의식 상태의 성장이란 세 가지 중심이 균형으로 이루는 것이고, 이를 위하여 깨어 있는 의식 상태로 나아가는 것이라고 할 수 있다.

　나아가 구르지예프는 인간의 의식 성장을 설명하기 위해서 의식 상태를 넘어 두 가지 의식의 변형 접근을 설명한다. 하나는 의식의 발달 접근이고, 다른 하나는 몸의 발달 접근이다.[18] 그는 인간의 의식이 발달하게 되면 인간 내면에 있는 여러 수준의 몸들도 함께 발달한다고 본다. 그러므로 필자는 인간의 내면 의식에 초점을 맞추어 영성지도하는 것에 집중하기 때문에 몸의 발달보다 의

---

18 몸의 변형은 4단계로 나눈다. 제일의 몸은 자신과 동일시하고 있는 신체(physical body)이다. 이 상태는 자신을 위한 작업 이전 상태이다. 제이의 몸은 케스디안체(body kesdian) 혹은 아스트랄체(astral body)이다. 이 상태는 육체 내에서 성장 가능한 상태이다. 제삼의 몸은 영성체 또는 마음의 몸이다. 이 상태는 고도의 지성 기능과 관련이 있다. 제사의 몸은 원인체 또는 신성체이다. 이 상태는 통합된 기능을 나타낸다.

식발달을 겨냥하여 의식 변형을 통한 성장의 의미를 살펴보고자
한다.

2. 구르지예프의 변형을 통한 의식발달

구르지예프에 따르면 인간의 의식발달은 변형의 과정을 거친
다. 그에 의하면 인간의 의식 성장을 이해하기 위해서는 의식 변
형을 살펴보아야 한다. 그는 인간을 우주의 영향을 받은 소우주로
보았다. 그는 소우주로서의 인간에게 의식 변형이 일어난다고 한
다. 그리고 이 변형은 7단계의 의식발달 단계를 가진다고 보았다.
그는 인간의 의식발달 단계를 제일 인간에서 제칠 인간으로 구분
하여 7단계로 나눈다. 그에 의하면 인간의 의식발달 7단계 중 처
음 단계는 제일 인간, 제이 인간, 제삼 인간이라는 세 가지 유형
단계이다. 제일 인간부터 제삼 인간은 같은 단계이다. 이들이 균
형을 이루어 통합하게 되면 의식 변형이 되어 제사 인간으로 성장
할 수 있다고 보았다. 그리고 제사 인간 단계에서 통합된 의식의
변화를 통해 제오 인간, 제육 인간, 제칠 인간으로 성장이 가능해
진다.[19]

---

19 P. D Ouspensky, 『위대한 가르침을 찾아서』, 119-146.

1) 제일 인간, 제이 인간, 제삼 인간

인간의 의식발달의 첫 번째 단계인 제일 인간, 제이 인간, 제삼 인간을 구르지예프가 언급한 의식 상태와 관련지어 볼 때, 두 번째 의식 상태인 깨어있는 상태라 할 수 있다. 구르지예프에 의하면 제일 인간부터 제삼 인간 단계는 동일한 수준의 발달 단계로 인간 의식발달의 최하위층에 존재한다.[20]

우선, 제일 인간 단계는 본능형 인간에 속한다. 그에 따르면 본능형 인간은 습관과 기호, 삶의 스타일에 따라 내배엽형endomorphic으로 구분된다. 본능형 인간은 감정의 기능이나 사고의 기능보다 본능적이고 동적인 기능에 더 무게를 두고 있다. 또한 원초적이고 허식적이며 의식 행위를 즐길 뿐 아니라, 육체에 대한 통제력을 개발한다는 특징을 가진다. 제이 인간은 감정형 인간에 속한다. 감정형 인간은 본능이나 사고의 기능보다 감정의 기능에 무게를 두고 기능을 한다. 헌신적인 희생에 매력을 느끼며 감상적인 예술에 관심이 많은 이들은, 삶의 패턴이나 기호에 따라 중배엽형mesomorphic으로 구분된다. 제삼 인간은 사고형 인간에 속한다. 제3에너지 인간은 동적이거나 본능적인 기능, 감정적인 기능보다 사고의 기능이 강한 인간이다. 이들은 습관과 기호, 삶의 스타일에 따라 외배

---

20 황임란, "에니어그램의 발달 수준과 윌버의 의식 수준에 대한 연구", 「한국에니어그램학회」 10 (2013), 84.

엽형ectomorphic으로 구분된다. 또한 지식을 얻기 위해 이론화하고 범주를 규정하며 논쟁하고 토론을 중시한다는 특징을 가진다.[21]

이 단계는 깨어 있는 상태이기는 하지만 저절로 성장하지는 않는다. 이 상태에서는 자신의 성격이라는 에너지를 자각하고 객관 의식을 가지는 주체로서 살아갈 때 비로소 다음 단계로의 성장이 가능해진다. 그러므로 기계적 움직임을 벗어나거나 벗어나려는 자각, 다시 말해 의식적인 노력이나 훈련이 있어야 발전과 성장을 할 수 있다.

2) 제사 인간

제일 인간, 제이 인간, 제삼 인간과는 달리 제사 인간은 이전 단계에서 깨어 있게 되면 자연적으로 발현되게 된다. 제일 인간부터 제삼 인간은 자신의 성격과 관련된 작업을 스스로 해야 할 몫이 있고, 그 작업 수행이 성공적으로 이루어지게 되면 그때서야 힘들이거나 애쓰지 않고 제사 인간의 단계로 발달하게 된다. 제사 인간 단계를 의식 상태와 연관 지어 살펴보면 이 단계는 깨어있는

---

21 G. I. Gurdjieff, 『자기 기억과 자아탐구를 위한 작업』, 56-61. 내배협형이란 미국의 심리학자인 W. H. Sheldon이 분류한 체형 분류의 하나로 소화 기관이 발달한 특징을 가진 유형이다. 중배엽형이란 순환계통이 발달하였고 외배엽형이란 피부나 신경 계통이 발달한 특징을 가진다. 박청아, 『성격심리학의 이해』 (교육과학사, 2001), 43-54 참고.

상태와 자기의식 상태 중간에 위치한다. 제사 인간의 위치에서 인간은 기계적인 반응과 중심에서 분리되어 충분히 자신을 자각하는 참된 자각과 변형을 시작하게 된다.[22] 구르지예프는 이 단계를 두고 기계적인 반응과 분리된 '제사의 길' 혹은 '관조의 길'이라고 표현했다. 또한 그는 '제사의 길'을 '각성의 각성awareness of awareness' 이라고 불렀다. 그에 의하면 각성이란 '삶에서 얻는 가장 큰 선물' 로 성장의 열쇠가 된다.[23] 이렇게 본다면, 구르지예프가 주장하는 제사 인간에서의 변형에 따른 성장이란 기계적인 반응을 멈추기 위해 자신에 대해 이해하고 자각하는 것이라는 점을 알 수 있다.

구르지예프에 따르면 이 단계의 인간은 삶의 목적을 가진 존재로 자신을 알고 자신이 원하는 것이 무엇인지 이해할 수 있는 첫번째 인간이다. 따라서 이 단계에서 진정한 진화가 시작된다고 볼 수 있다. 진정한 진화는 세 에너지의 균형과 조화를 통해 이루어진다. 그리고 에너지 중심 속에서 균형을 이룬다는 것은 각각의 에너지의 중심이 되는 성격을 없애는 것이 아니다. 균형이란 자신의 특성 안에서 전체를 바라볼 수 있는 힘인 동시에 각각의 에너지가 속한 전체적인 인간이 되도록 변형되는 것이다.[24]

---

22 이순자, "구르지예프, 베어 및 리소의 에니어그램 비교", 38.
23 G. I. Gurdjieff, 『자기 기억과 자아탐구를 위한 작업』, 65-66.
24 이순자, "구르지예프, 베어 및 리소의 에니어그램 비교", 96-97.

이 단계에서는 본능, 감정 그리고 사고 기능 중 어느 한쪽이 특별하게 우월한 위치를 차지하지는 않는다. 따라서 특정한 한 가지 기능에 지배를 받지 않게 되므로 균형을 이룰 수 있게 된다. 이 균형은 자기 자신을 자각할 수 있는 힘을 가지게 한다. 인간은 이렇게 균형의 이룸을 통해서 자기 자신을 알기 시작하고, 자신이 어디로 가는지 알 뿐만 아니라 다음 단계로의 성장이 가능해진다.[25]

3) 제오 인간, 제육 인간, 제칠 인간

구르지예프의 변형에 따른 의식발달 단계의 제오 인간, 제육 인간, 제칠 인간은 내적 통일성이라는 특징을 가진다. 제일 인간, 제이 인간 그리고 제삼 인간은 저절로 태어나지만 제사 인간 단계부터 제칠 인간 단계는 노력의 결과로 이루어진다. 제오 인간 단계에서는 자신에 대해 객관성을 지닌다. 비록 이 단계에서의 객관성이 자신에게만 집중되어 있다는 한계를 가지지만, 이 객관성을 통해 내면의 단일성에 도달하게 되어 '나'를 구체적으로 알 수 있게 된다. '나'를 구체적으로 안다는 것은 '결정화crystallization'됨을 말한다. 구르지예프에 의하면 결정화란 객관적으로 '할 수 있는'[26]

---

25 황임란, "에니어그램의 발달 수준과 윌버의 의식 수준에 대한 연구", 84.
26 '할 수 있는' 의미는 인간의 능력과 자질 객관적 판단에 따라 가능한 수행능력을

개인의 참된 능력이다.[27] 이 단계에서 건강한 결정화가 이루어지면 인간은 진실되고 명료한 앎에 도달하며, 자신과 타인의 진정한 이해 속에서 행동할 수 있는 능력을 갖추게 된다. 제오 인간 발달 단계에서는 의도적으로 비결정화[28]를 경험하고자 하는 경우를 제외하고는 저절로 퇴보하는 일은 없다. 이미 결정화된 제오 인간은 고차원적인 정서 중심의 상태에 있게 되기 때문이다. 이 제오 인간 단계를 의식 상태와 연관 지어 살펴보면 자기의식 상태에 해당한다. 제오 인간 단계에서는 주의력과 자각의 적절한 분배와 분리가 가능해지기 때문에 자신에 관하여 객관적으로 될 수 있다.[29] 그러므로 제오 인간 단계에서는 창조적인 수준에서 진정한 '나'의 상태로 행동할 수 있게 될 만큼 성장한다. 그러나 제오 인간 단계에서 다음 단계로의 발달은 좀처럼 쉽지 않다. 왜냐하면 발달의 과정에서 엄청난 고통이 수반되기 때문이다. 결정화된 제오 인간 단계에서 이미 결정화된 자기의 실체를 의도적으로 없애고 녹여야 제육 인간으로 발전이 가능하다.[30]

제육 인간 단계는 제칠 인간과 같은 특질을 지닌다. 다만 제육

갖추고 있다는 것을 말한다.

27 G. I. Gurdjieff, 『자기 기억과 자아탐구를 위한 작업』, 68-69.

28 비결정화는 잘못 이루어진, 건강하지 못하고 그릇된 결정화를 뜻한다. 타인에게 고통을 유발하게 만드는 자아로 인하여 '할 수 있는' 개인의 참된 능력이 왜곡되어 나타나게 됨을 말한다. G. I. Gurdjieff, 『자기 기억과 자아탐구를 위한 작업』 참고.

29 이순자, "구르지예프, 베어 및 리소의 에니어그램 비교", 38

30 황임란, "에니어그램의 발달 수준과 윌버의 의식 수준에 대한 연구", 83-84.

인간 단계는 제칠 인간 단계와 달리 단계의 특질이 영구적이지 못하다는 차이가 있다.[31] 제육 인간은 고차원의 지성 중심의 상태에 있다. 제육 인간 단계를 의식 상태와 연관 지어 살펴보면, 이 단계는 객관적인 의식 상태에 속한다. 제육 인간은 자신뿐만 아니라 타인, 나아가 세상에도 객관적인 태도를 지니고 있으므로 고차원의 지성 중심 상태에 이룰 수 있다.[32] 마지막으로 구르지예프에 의하면 제칠 인간 단계는 변형에 따른 인간 발달의 가장 완전한 발달이라고 할 수 있다. 그에 의하면 제칠 인간은 모든 욕망이 실현된 단계이다. 그리고 완전히 자유롭고 독립된 의지와 완전한 의식을 가진 상태이기도 하다. 이 단계에서는 항구적으로 변화하지 않는 '나'의 상태가 되고, 불멸성을 지닌 인간 최고도의 발달 단계에 이르러 자기 자신의 본질과 만나는 상태가 된다.[33]

이상에서 언급한 의식발달의 제칠 인간 단계 발달은 여러 영적 전통과 유사성을 가진다. 특히 요가에서의 7수준 차크라와 카발라의 생명수에 나타나 있는 세피라[34]의 7단계나 우파니샤드[35]에

---

31 G. I. Gurdjieff, 『자기 기억과 자아탐구를 위한 작업』, 68-69.

32 이순자, "구르지예프, 베어 및 리소의 에니어그램 비교", 38

33 김새한별, "에니어그램과 유대신비주의", 224

34 차크라는 영적으로 고안된 에너지 센터이다. 차크라는 카발라의 생명 나무와 연관성이 깊다. 차크라는 7단계로 나누는데 이는 부족 차크라, 관계 차크라, 개인적 힘 차크라, 정서적인 힘 차크라, 의지력 차크라, 마음의 차크라, 영혼의 차크라로 나뉜다. 유대교 신비주의인 카발라의 생명나무 세피라는 그 어원이 두 가지가 있다. 하나는 하나님이 창조 때 뿜어낸 광선의 빛깔을 나타내는 Sappier(청옥)에서 유래되었다는 것과 다른 하나는 히브리어 '헤아린다'라는 뜻을 가진 Sāpar다. 세피라

서 설명하고 있는 지혜를 찾아가는 명상의 방법인 사마다 7단계가 구르지예프의 의식 변형에 따른 제칠 인간 단계의 발달과 유사함을 알 수 있다.[36] 이렇게 영적 전통에서의 의식발달 수준 단계와 에니어그램의 변형에 따른 의식발달 단계가 유사한 과정을 지니고 있다는 점에서 볼 때, 에니어그램의 의식 변형에 따른 발달 단계는 보편적인 도구가 된다.

요약하면, 구르지예프에 따르면 인간은 누구나 태어나면서 본능, 감정 그리고 사고라는 자동적인 세 가지 성격을 가지고 태어

의 어원에서 살펴볼 수 있는 10개의 광선과 22개의 알파벳이 연결되어 있고 이를 통해 근원의 수 1이 10개의 세피라로 분할된다. 10개의 세피라는 첫째가 케터, 둘째가 호크마, 셋째가 비나, 네 번째가 헤세드 다섯 번째가 게부라, 여섯 번째가 티페렛, 일곱 번째가 네자, 여덟 번째가 호드, 아홉번 번째가 예소드, 마지막 열 번째가 쉐키나다. 이렇게 10개로 분할 된 세피라는 요가에서 말하는 영적 에너지 센터인 차크라와 서로 연관을 지을 수 있다. 1단계는 부족 차크라와 세키나가, 2단계는 관계 차크라와 에소드와 연관되어 있고, 3단계는 개인적인 힘 차크라와 호드와 네자가 연결되어 있다. 4단계는 정서적인 힘 차크라와 티페렛이 연결되어 있고, 5단계는 의지력 차크라와 헤세드 게부라와 연결되어 있다. 6단계는 마음 차크라와 비나와 호크마 세피라와 연관되며, 7단계는 영혼의 차크라가 케터와 연관된다. 7단계는 신의 경지에 비유하기도 하고 완전해지는 의미하기도 한다. Myss, Caroline/정연숙 옮김, 『영혼의 해부』(한국문화멀티미디어, 2003) 참조.

35 고대 인도의 일군의 종교와 철학서로서 산스크리트어로 기록되어 있다. 불교 융성기인 BC 5세기 이전에 성립한 것으로부터 16세기에 만들어진 것까지 포함해서 그 수는 전통적으로 108가지가 된다. 신구의 잡다한 사상을 포함하고 있으나 공통적인 주제는 우주와 인간을 지배하는 궁극 원리에 관한 탐구이다. 우주의 궁극 원리로서 브라만(Brahman)을, 개인 존재의 궁극 원리로서는 아트만(Atman)을 상정하고, 이 양자의 동일성을 설명하는 '범아일어'(梵我一如)의 사상이 그 중심을 이루고 있다. 『철학사전』(도서출판 중원문화, 2012), 참고.

36 이순자, "구르지예프, 베어 및 리소의 에니어그램 비교", 38-40.

난다. 그는 인간 의식의 내면 상태를 설명하면서 '인간은 마부가 운전하고 말이 이끄는 마차와 같다'고 표현했다.37 그에 의하면 마차는 육체와 유사하고, 말은 감정과 유사하며, 마부는 사고와 유사하다. 이처럼 그는 인간은 세 가지 성격 중에서 중심이 되는 성격에 따라 제일 인간, 제이 인간, 제삼 인간으로 나뉘며, 마차에 타고 있는 주인인 '나'를 자각할 때 제사 인간이 되고, 나아가 진정한 '나'를 인식하게 되면 비로소 제오 인간에서 제칠 인간으로의 성장이 가능하다고 보았다.

정리해 볼 때 구르지예프에 의하면 의식 변형에 따른 의식발달은 성장을 의미를 포함하고 있음을 알 수 있다. 성장이란 기계적인 반응을 멈추고 깨어있는 의식 상태에서 세 가지 에너지의 무게중심의 균형을 이루는 것이다. 나아가 자기 자신을 알아차리고, 자신과 세상에 대해 객관적인 태도를 취하며 탈동일시하는 것이다. 돈 리차드 리소Don Richard Riso는 구르지예르의 탈동일시 개념의 영향을 받았다. 따라서 리소의 의식 수준 발달을 살펴봄으로 현대 심리학적 입장에서 에니어그램 의식 수준 발달이 성장과 어떠한 상관관계가 있는지 살펴보고자 한다.

---

37 G. I. Gurdjieff, 『자기 기억과 자아탐구를 위한 작업』, 21.

〈표 1〉 인간의 의식발달의 7단계[38]

단계	속성
제칠 인간	완전한 의지와 의식으로 영원하고 항구적인 '나'로 존재한다. 제칠 인간은 개별화된 불멸의 존재이다. ↑
제육 인간	아직 완전하지는 않지만 제칠 인간과 같은 특징을 가진다. 제육 인간이 보이는 제칠 인간과 차이는 완전히 영구적이지 않은 몇 가지 특징을 가진다는 것이다. 제육 인간은 완전한 앎을 가지고 있지만 여전히 상실할 가능성을 가진다. ↑
제오 인간	이미 결정화된 상태이고 통일성을 가지고 있는 상태이다. 때문에 제오 인간이 이전 단계로 되돌아가지 않는다. 제오 인간은 앎을 전 존재로 인식하며 전체적이고 분리되지 않는 것으로 인식한다. ↑
제사 인간	내적 작업이 일어나는 단계이다. 제사 인간은 인간이 가지고 태어나는 세 가지 경향성에 균형을 이루고 있으며 실제로 자기를 관찰하고 인식한다. 제사 인간은 앎의 목표를 알기 시작하고 주관적인 요소로부터 자유로워질 수 있다. 제사 인간은 타고나는 것이 아니라 내적 작업을 통해 가능한 것이다. ↑ ↑ ↑

제삼 인간	제이 인간	제일 인간
무게중심이 사고 중심에 있는 단계로서 모든 것이 마음과 구조에서 생긴다고 여기며 증명과 체계를 요구하는 단계이다.	무게중심이 감정 중심에 있는 단계로서 좋고 싫음의 선호와 혐오에 대한 기호가 있는 단계이다.	무게중심이 본능 중심에 있는 단계로서 모방과 본능에 의한 앎과 욕망, 편안함을 충족시키려는 단계이다.

---

38 Speeth, K. R, *The Gurdjieff work*. NK: Penguin Putnam Inc. 1989, 62.

II. 돈 리처드 리소의 의식발달 수준

1. 리소의 의식발달 수준 구분과 의미 해석

리소의 의식발달과 의식 수준 발달 단계는 인간에게 의미하는 성장이 무엇인지 알 수 있게 한다. 리소는 수평적 의미를 가진 성격유형론에 수직적 발달의 개념을 포함한 의식발달 수준을 더하여 진화와 발달의 개념을 성장의 개념으로 설명한다. 리소는 인간 의식발달 수준 이해를 통해 구체적으로 성장의 방향을 제시하고 있다. 그에 의하면 인간은 '빛의 존재들'이다. 그러나 성격이라는 껍질이 인간의 고유한 빛을 덮고 있다고 본다. 그는 인간이 신으로부터 창조된 본래 빛이 자신과 자신의 껍질인 성격을 동일시하게 될 때 가려진다고 본다. 따라서 그는 인간이 자신의 성격과 자신을 동일시하는 것을 멈출 때 비로소 진정한 자신의 본성의 빛의 존재로 회복하게 된다고 본다.

일반적으로 성격유형 이론은 인간을 이해하는 데 있어 수평적으로 이해한다. 그러나 에니어그램은 개인의 차이를 이해할 수 있도록 하고, 일방적이고 편파적인 편견에 국한하지 않고 다양한 특성을 지닌 인간으로 이해할 수 있도록 한다. 따라서 리소는 인간을 이해하는 데 있어 정상적이고 긍정적인 기능 측면을 이해하는 것뿐 아니라 인간의 모든 부분을 포함하고 기술할 수 있어야 한다는 주장에 근거하여 인간의 의식발달 수준을 설명한다. 즉, 그에 의하면 인간을 이해하고 나아가 인간의 통합된 성장을 이해하기 위해서는 기본적인 수평적 성격 이해뿐 아니라, 수직적 발달을 포함하고 있는 인간의 의식 수준을 이해해야 한다. 인간의 의식을 연구한 켄 윌버Ken Willber 또한 이와 같은 주장을 뒷받침해 준다. 윌버는 모든 완전한 심리체계는 수평적 수준과 수직적 수준 모두를 설명할 수 있어야 한다는 주장에 의거하여 AQALAll-Quadrants All-Lelels모델,1 즉 IOSIntegral Operating System, 통합운영체계를 제시하며 보다 폭넓고 광범위한 인간 의식을 설명한다.2 인간은 평면적 존재가 아니기 때문에 수평적 차원의 특성만으로 설명하기에 부족하다. 인간의 올바른 이해는 수평적 차원뿐 아니라 수직적 차원을 포함한 다각적 접근을 통해야만 정확한 이해를 도울 수 있다.3

의식발달 수준이란 개인의 특성, 방어기제, 대인관계의 행동, 태도 등 개념의 골격이 되는 각 유형의 내부 구조라고 이해할 수 있다.4 리소에 의하면 의식발달 수준은 인간이 자신과 자신의 성

---

1 AQAL(All-Quadrants All-Lelels)은 모든 4분면 즉 모든 수준, 모든 라인, 모든 상태, 모든 타입을 줄여서 표시한 것이다. 4상한은 개인의 내면과 외면, 집단의 내면과 외면을 일컫는다. 개인의 내면은 좌상한, 외면은 우상한에 자리 잡고 있다. 그리고 집단의 내면은 좌하한, 외면은 우하한에 자리 잡고 있다. 인간의 의식발달 수준은 좌상한에 해당된다. 모든 4분면은 성장과 발달과 진화를 보여준다. Ken Wilber/정창영 옮김, 『켄 윌버의 통합비전』 (김영사, 2014), 68-77.
2 Ken Wilber, 『켄 윌버의 통합비전』, 19-20.
3 Don Richard Riso & Russ Hudson, 『에니어그램의 지혜』, 102.

격 구조를 동일시하는 정도에 따라 구분된다. 의식발달 수준은 각각 성격유형마다 건강한 단계, 평범한 단계 그리고 건강하지 않은 단계, 이렇게 3단계로 나누어진다. 그리고 이렇게 나누어진 3단계는 저마다 다시 3수준으로 나누어져 총 9수준으로 구분된다. 3단계로 나누어진 의식발달 수준은 서로 구분되나 분리되지 않고 연속성을 가진다.5 또한 그에 따르면 인간의 의식발달 수준은 어느 한 수준에 머물러 있는 지표가 아니라 성격이 움직여 가는 '방향'을 나타낸다. 그리고 이 방향은 연속선상에서 위아래로 움직이되 나선형의 움직임을 보인다. 그러므로 의식발달 수준은 모든 성격유형이 가지는 통합된 의미를 가질 뿐 아니라 독자적인 하위 유형의 의미와 특성도 포함한다고 할 수 있다.6 다시 말해 에니어그램 의식발달 수준은 단계별 의식 수준에 따라 특정 의미를 가지되, 에니어그램 유형에 따른 독특한 특성도 함께 지닌다.

이렇게 각각의 모든 성격유형에서 3단계, 총 9수준을 가진 리소의 의식발달 수준은 다음과 같이 나눌 수 있다. 즉 건강한 의식발달 수준은 1수준에서 3수준까지, 평범한 의식발달 수준은 4수준에서 6수준까지, 건강하지 않은 의식발달 수준은 7수준에서 9수준까지이다. 다시 말하면 인간의 의식발달 수준은 1수준을 향해 갈수록 에너지의 균형을 이루고 통합된 모습을 보이는 반면,

---

4 Don Richard Riso & Russ Hudson, 『에니어그램의 이해』, 193-195.
5 Don Richard Riso & Russ Hudson, 『에니어그램의 지혜』, 11-63.
6 Don Richard Riso & Russ Hudson, 『에니어그램의 이해』, 193-194.

9수준을 향할수록 분열되며 유형별로 건강하지 않은 병리적인 증상들을 나타낸다. 또한 인간은 의식발달 수준이 건강해질수록 자신과 성격을 동일시하는 것에서 벗어나게 되어 진정한 자유와 해방을 경험하게 된다. 반대로 의식발달 수준이 낮아지게 되면 자신의 성격과 자신을 동일시하면서 발생한 거짓 자아가 팽창하여 자유를 잃기 때문에 자유가 없고 폐쇄적이 된다. 그럼 리소의 의식발달 수준의 의미를 조금 더 자세히 살펴보겠다.

건강한 의식발달 수준인 1수준은 해방의 의미를 가진다. 1수준에 이르면 어린 시절 자신의 존재 본질과 연결되지 못한 결과로 생긴 두려움에 직면할 수 있게 된다. 그리고 그 두려움에서 벗어나 진정한 자기를 실현할 수 있게 된다. 이 수준에서는 각 유형의 영적 능력과 미덕들이 출현하여 자신이 영적인 존재임을 경험하게 될 뿐만 아니라 자아의 자유와 에너지의 균형을 이루게 된다. 따라서 이 단계는 자아의 초월 단계라고 할 수 있다.[7]

2수준은 심리적 역량의 의미를 가진다. 2수준은 1수준과 달리 기본적인 두려움을 극복하지 못한 상태이다. 때문에 2수준에서는 각 유형의 근본적인 두려움에 굴복한 모습을 보이고 자기방어를 나타내기 시작한다.

3수준은 사회적 가치의 의미를 가진다. 3수준의 특징은 기본적인 욕구와 두려움에 굴복하게 되면서 자연스럽게 발생한 자아

---

7 Don Richard Riso & Russ Hudson, 『에니어그램의 이해』, 209.

ego의 활동이 증가하는 것이다. 또한 자아로 인하여 고착이 두드러져 삶의 본질이 차단되기 시작한다.[8] 또한 3수준에서는 사회적인 특성을 지닌 페르조나가 발생한다. 그러나 이때의 사회적 관계는 비교적 건강한 편이다. 다시 말해 3수준에서는 방어기제가 작용하지만 대인관계에서는 사회적으로 건강한 특성을 드러낸다.[9]

다음 단계로 평범한 의식발달 단계인 4수준에서는 에너지의 불균형이 나타난다. 이 수준에서는 성격유형에 따라 특유의 두려움이나 충동에 굴복한 결과로 자아와 방어기제가 강화된다. 이로 인하여 균형을 잃기 시작하면서 자기를 인식하는 힘이 떨어지게 된다.

5수준은 통제의 의미를 가진다. 5수준에서는 타인을 통제하려는 의도가 심해진다는 특징을 보인다. 타인을 통제하려는 것은 자신의 불안을 감소시키기 위함이다. 5수준에서는 자신의 불안을 감소시키기 위해 에고를 부풀려 거짓 자아를 만든다. 이렇게 거짓 자아를 팽창시켜 타인을 통제하려는 것은 결국 자신의 기본적인 욕구와 두려움을 타인이나 환경에 의해 해소하려고 하기 때문이다.[10]

6수준에서는 과잉 보상하려는 모습이 두드러지게 나타난다. 6수준에서는 거짓 자아를 팽창시키면서 두드러지게 과잉보상하려는 행동을 보인다. 이러한 모습은 타인뿐만 아니라 환경에서조차

---

8 Joseph Benton Howell/윤운성 외 6인 공역, 『에니어그램의 깨달음』(한국에니어그램연구소, 2014), 87.

9 Don Richard Riso & Russ Hudson, 『에니어그램의 이해』, 210.

10 Don Richard Riso & Russ Hudson, 『에니어그램의 이해』, 211.

자신의 욕구를 충족시키지 못하면서 나타나는 모습이다. 6수준에서는 자기중심적 사고가 증폭되고 이를 행동화함으로 인하여 내·외적 갈등이 심화되게 된다.

마지막으로 건강하지 못한 의식발달 수준의 첫 단계인 7수준은 자신과 타인 모두를 침해한다. 7수준에서는 매우 역기능적이고, 성격유형마다 제각기 다른 자기 파괴적인 전략을 사용하게 된다. 또한 7수준에서는 자아를 보강하기 위한 무모한 시도를 하면서 내·외적으로 침해하지만 성공하지 못하고 오히려 자기방어가 와해된다.[11]

8수준은 망상과 강박행동을 보이는 수준이다. 8수준에서는 불안감이 점점 극대화되는 특징을 보인다. 또한 심각한 내면 갈등 모습을 보이면서 망상적 방어를 나타낸다.[12]

마지막으로 9수준에서는 병리적이고 파괴적인 모습을 나타낸다. 9수준에서는 극심한 병리적 이상 상태를 보인다. 또한 현실성이 전혀 없는 망상에 시달리며 고통과 불안에서 자신을 보호하기 위해 자신뿐 아니라 타인까지도 파괴한다. 9수준에서는 정신적으로 와해되며 종국에는 죽음에 이르기도 한다.[13]

이상에서 보는 바와 같이 인간 의식발달 수준은 성격과 자신을

---

11 황임란, "에니어그램과 상담", 「에니어그램연구」 14권 2호 (한국에니어그램학회, 2017), 16.

12 황임란, "에니어그램과 의식의 발달 수준", 15.

13 Don Richard Riso & Russ Hudson, 『에니어그램의 이해』, 214.

동일시하는 정도가 심해질수록 방어적, 폐쇄적이 되어 의식발달 수준이 낮아지게 되고 신경증적인 모습, 심지어 정신 병리적인 모습까지도 보인다는 점을 알 수 있다. 그리고 건강하지 않은 의식 발달 수준에서 나타나는 병리적인 모습은 성격유형마다 다르게 나타나는데 리소에 따르면 이때, 자신의 유형의 특성과 반대되는 특징들도 나타난다고 한다. 그렇기 때문에 성격유형이나 의식발 달 수준의 특징을 일반화할 수 없다. 왜냐하면 인간의 성격유형은 서로 맞물려 있는 두려움이나 욕구, 각 수준 등의 특징이 나선형 모양의 상호관계적인 심리 구조와 방어 구조를 형성하고 있기 때문이다. 따라서 인간의 성격유형은 몇 가지 특성과 근거를 가지고 특징지을 수 없다.[14] 또한 인간의 의식발달 수준은 유전적인 요인이나 부모나 환경에 지대한 영향을 받을 뿐 아니라 하루 안에도 무수히 변하기 때문에 단순하게 규정지을 수 없다.[15]

정리해 보면, 의식발달 수준은 고정된 지표가 아니다. 또한 분리된 구별의 의미도 아니다. 이는 나선형 방향을 따라 수시로 이동한다. 〈표 2〉에서 보는 바와 같이 의식발달 수준은 자신과 성격의 동일시 여부나 어디에 주로 머물러 있는지의 정도에 따라 구분된다. 다시 말해 1수준에서 9수준으로 의식발달 수준이 하강할수록 방어체계로서 거짓 자아가 팽창되고, 팽창된 자아로 인해 자유는 점점 줄어들며, 균형도 잃게 된다. 마지막 의식발달 수준인 9수

---

14 Don Richard Riso & Russ Hudson, 『에니어그램의 이해』, 196-197.
15 Don Richard Riso & Russ Hudson, 『에니어그램의 지혜』, 102-103.

준에 이르러서는 자유가 소멸하면서 심각한 병리적 이상을 드러낸다. 그러나 이와 반대로 자유는 의식발달 수준이 상승할수록 늘어나고, 에너지의 균형을 이루어 해방 경험을 하게 된다. 이렇게 볼 때 인간의 의식발달 수준이 성장하는 것은 개인의 자유 증가 정도에 있다고 볼 수 있다.[16] 따라서 인간이 성장한다는 것은 자신과 자신의 성격을 동일시하는 것에서 벗어나 진정한 자아의 자유를 경험하는 것이라 하겠다. 그리고 이것은 사고, 감정 그리고 본능의 에너지가 균형을 이루어 갈 때 가능해진다.

〈표 2〉 의식발달 수준과 특징

에고	의식발달 수준		자유
	의식 수준	특징	
자아 축소	건강한 의식발달 수준	1 해방	자유 극대화
		2 심리적 역량	
		3 사회적 가치	
	평범한 의식발달 수준	4 불균형	
		5 대인관계 통제	
		6 과잉 보상	
	건강하지 않은 의식발달 수준	7 침해	
		8 강박과 망상	
자아 팽창		9 병리적 파괴	자유 극소화

---

16 황임란, "에니어그램의 발달 수준과 윌버의 의식 수준에 대한 연구", 87.

2. 돈 리처드 리소의 의식발달 수준 구분

리소는 인간의 의식발달 수준을 3단계 그리고 그 3단계를 다시 각 3수준으로 나누어 총 9수준으로 나누었다.[17] 이미 앞에서 언급한 대로 3단계로 나누어진 의식발달 수준은 각각의 특성을 나타낸다. 건강한 의식발달 수준에서는 각 유형의 장점이 나타나고, 평범한 의식발달 수준에서는 일반적인 유형의 특징을 보이며, 건강하지 않은 의식발달 수준에서는 각 유형의 기능적인 장애나 병리적인 특징을 나타낸다는 점을 살펴보았다. 그리고 위에서 살펴본 바와 같이 각 성격의 구조 안에서 개인이 자신의 자아의 습관과 패턴에 얼마나 자유로운지, 즉 자신과 자신의 성격 구조를 얼마나 동일시하는지 정도의 여부에 따라, 또 얼마나 자아가 고착되어 있는지에 따라 의식발달 수준을 나눈다. 다시 말해 인간의 의식발달 수준은 자아의 자유로움 정도에 따라 의식발달 수준을 측정하는 측정치가 된다. 또한 리소에 의하면 의식발달 수준은 연속체로 구성되어 있고 서로 연관되어 복합적이다. 이것은 의식발달 수준이 한곳에 머물러 있는 것이 아니라 어느 곳에 주로 머무는지에 따라 인간의 성장의 방향을 알려준다. 의식발달 수준을 구체적으로 살펴보면 다음과 같다.

---

17 Don Richard Riso & Russ Hudson, 『에니어그램의 지혜』, 102.

1) 건강한 의식발달 수준(1, 2, 3 의식발달 수준)

　리소의 건강한 의식발달 수준 범위는 1수준에서 3수준이다. 1
수준은 가장 건강한 의식발달 수준을 나타낸다. 이 수준에 있을
때 인간은 심리적 자유와 균형 그리고 영적인 능력과 미덕을 지닌
다. 그렇다고 해서 1수준이 인간 의식발달 수준의 마지막 종착점
을 뜻하지는 않는다. 1수준은 의식의 새로운 시작점이 된다. 이
수준에서 나타나는 인간의 모습은 한 가지 성격유형의 특성만 보
이는 것이 아니라, 아홉 가지 성격유형의 긍정적인 특성을 모두
통합하고 있으며 창조 본성의 모습을 회복하고 있다. 따라서 1수
준은 자아로 정의되는 본질이 아닌 진정한 자기 세계의 시작이라
고 볼 수 있다. 다시 말해 1수준에 이르게 된다는 것은 자기의 본
질을 만나는 종착점인 동시에 영적 성장의 거대한 가능성의 영역
이 다시 시작하는 출발점이 되는 것이다.[18] 이는 본질 즉 진정한
자기 세계의 시작을 의미한다.

　건강한 의식발달 수준인 2수준에서는 자아가 나타나고 기본
적인 욕망과 두려움을 가지게 된다. 특히 2수준에서는 어린 시절
부모님과의 관계 속에서 생겨난 두려움과 욕구로 인해 기본적인
불안이 나타난다. 이러한 이유로 2수준에서는 자기방어가 생겨나
고, 거짓 자아가 생겨난다. 이 수준에서 자아가 진정으로 요구하

---

18 Don Richard Riso & Russ Hudson, 『에니어그램의 이해』, 209.

는 소리를 듣지 못하게 된다면, 의식발달 수준은 점점 떨어질 가능성이 있다. 3수준에서는 타인과 사회에 발현되는 건강한 사회적 특징을 가진다.[19] 3수준은 비록 건강하기는 하지만 기본적인 두려움과 불안에 대응하기 위해서 자아와 방어기제를 발달시킨다. 이 수준에서의 방어기제는 한 인간이 자신의 본질과 만나고 연결되는 것을 방해하는 장애물이 된다.[20]

2수준과 3수준은 건강한 의식발달 수준이기는 하지만 이 안에서 자아가 정체된다. 그러나 건강한 의식발달 수준 범위에 있을 때 인간은 정체된 자아를 바라볼 줄 알고, 이를 세상에 이로운 방법으로 풀어가는 방식을 안다. 또 자신 안에 있는 자아를 자신과 동일시하지도 않고, 어느 쪽으로 치우치지도 않는다. 이때 이들은 에너지의 균형을 이루며 자신의 존재감을 드러낸다.[21] 이렇게 에너지의 균형이 이루어질 때라야 자유로움을 얻을 수 있다. 그리고 자신이 원하는 바가 자신 안에 있다는 것을 알아차릴 수 있다. 그러나 요셉 벤턴 하웰Joseph Benton Howell에 의하면 1수준과 2수준에 도달해 있을 경우, 하위 수준과 같은 방식으로 삶을 인지하지 않는다. 1, 2수준은 의식적인 수준으로 매우 큰 변화 과정을 거쳐 인식의 방식이 전환되기 때문에 좀처럼 하위 수준으로 떨어지지 않는다.[22] 비록 건강한 의식발달 수준에서도 스트레스의 상황이

---

19 황임란, "에니어그램의 발달 수준과 윌버의 의식 수준에 대한 연구", 87.
20 황임란, "에니어그램과 의식의 발달수준", 15.
21 황임란, "에니어그램의 발달 수준과 윌버의 의식 수준에 대한 연구", 86.

되면 수년간 습관적이었던 고착, 함정 그리고 회피 등의 기재를 작동시키기는 하지만, 새로운 지각 방법으로 인지하는 방식이 변화하였기 때문에 이전의 하위 의식발달 수준으로 되돌아가지 않는다. 하웰은 건강한 의식발달 수준의 이들이 스트레스 상황에서 보이는 무의식적 반응 모습은 일시적이고 한시적이라고 한다.[23]

누구나 건강한 의식발달 수준 범위에 항상 머물러 있기는 어렵다. 왜냐하면 인간은 상황과 환경에 따라 영향을 받아 여러 가지 상황 속에서 두려움에 사로잡히게 되고 의식발달 수준이 떨어지기 때문이다. 그렇다고 해서 건강한 의식발달 3수준에서 평범한 의식발달 수준인 4수준으로 의식발달 수준이 쉽게 떨어지지 않는다. 건강한 의식발달 수준의 3수준과 평범한 의식발달 수준인 4수준 사이에는 '충격지점shock point'이 있다. 이 충격지점에서는 의식발달 수준이 떨어지는 것이 저지되고 지연된다.[24] 인간은 의식발달 수준이 건강한 수준에서 평범한 의식발달 수준으로 하강하게

---

22 Joseph Benton Howell, 『에니어그램의 깨달음』, 86-87.

23 Joseph Benton Howell, 『에니어그램의 깨달음』, 87-88.

24 리소의 의식발달 수준 단계에는 두 개의 쇼크 포인트 지점이 있다. 하나는 건강한 의식발달 수준에서 평범한 의식발달 수준 단계 사이에 있고, 다른 하나는 평범한 의식발달 수준에서 불건강한 의식발달 수준으로 떨어지는 지점에 있다. 건강한 수준 단계에서 평범한 수준 단계로 떨어질 때의 쇼크 포인트에서는 '일깨우는 신호' (wake-up call)로 의식발달 수준의 변화를 알아차릴 수 있게 된다. 그리고 평범한 수준 단계에서 불건강한 수준 단계로 떨어질 때의 쇼크 포인트에서는 '위험신호'(red flag-fear)로 알아차릴 수 있게 된다. P.D. Ouspensky, 『위대한 가르침을 찾아서』, 204-241. 참고. Don Richard Riso & Russ Hudson, 『에니어그램의 지혜』, 112.

될 때 자각할 수 있다. 이 자각의 사인이 '일깨우는 신호'가 된다. 이러한 신호는 각 성격유형의 메커니즘에 의존하고 있다. 각 유형의 일깨우는 신호는 다음과 같다.

1유형의 신호는 자신이 모든 것을 올바르게 고쳐야 한다는 의무감을 느끼는 것이다. 2유형의 신호는 타인이 자신을 따르게 하기 위해서 사람들에게 다가가야 한다고 믿는다는 사실을 알아차리는 것이다. 3유형의 신호는 자신의 지위와 집중을 위해 자신을 몰아세우는 것이고, 4유형은 상상을 통해 자신의 느낌을 강화하며, 그 느낌 안에 머물게 된다는 점을 알아차리는 것이다. 5유형의 신호는 현실 세계와 떨어져 있게 되고, 개념 속으로 빠지며, 자신의 내면세계로 움츠러드는 모습을 보인다는 것이다. 6유형은 두려움을 극복하기 위해 자신이 아닌 외부의 무엇인가에 의존하게 됨을 알게 되는 것이다. 7유형의 신호는 어딘가에 더 나은 것이 있다고 믿기에 한 가지에 집중하지 못하고 부산스러운 모습을 보인다는 것을 알아차리는 것이고, 8유형의 신호는 어떤 일을 성사시키기 위해 밀어붙이고 투쟁해야 한다고 느끼며 행동하는 모습을 보인다는 것이다. 마지막으로 9유형의 일깨우는 신호는 갈등을 피하기 위해 타인의 요구를 지나치게 들어주고 맞추는 경향을 보인다는 사실을 알아차리는 것이다.[25] 이렇듯 각 유형의 일깨우는 신호는 인간이 자신의 성격유형에 따른 특징적 자아를 유지하

---

25 Don Richard Riso & Russ Hudson, 『에니어그램의 지혜』, 107.

는 데 관심을 가질 때 드러난다. 일깨우는 신호를 인식하게 되면 의식발달 수준이 낮아지는 것을 저지할 수 있게 된다.

그러므로 건강한 의식발달 수준의 특징이란 자신과 성격을 동일시하지 않음으로 성격유형의 메커니즘에 빠지지 않고, 에너지의 균형을 이룬 상태의 모습이라 할 수 있다.

2) 평범한 의식발달 수준(4, 5, 6 의식발달 수준)

평범한 의식발달 수준은 4수준에서 6수준까지이다. 보통 정상 범위에 안에서 사고하고 행동하는 이들은 평범한 의식발달 수준 안에 있다고 볼 수 있다. 그러나 이들은 건강한 의식발달 수준에 머물러 있을 때에 비해 자신과 성격을 동일시하는 정도가 크기 때문에 점차 자신의 자아가 자기중심이 되고, 자신과 성격과의 동일시하는 비중도 커지게 된다. 이러한 모습을 조금 더 자세히 살펴보면 다음과 같다.

4수준에서는 성격유형 간의 심리적 특성이 다르게 나타난다. 4수준의 범위에서는 에너지의 균형이 깨지기 시작한다. 또한 이러한 사실을 스스로 인식하지 못하는 사이에 심리적 맹점이 드러나게 되면서 내면의 갈등이나 타인과의 갈등이 시작된다. 4수준에서는 자신과 성격을 강력하게 동일시하기 시작하면서 성격유형별 자아 고착이 뚜렷하게 나타나고 이로 인하여 정신적 에너지가 고갈되기 시작한다.[26] 그렇다고 하더라도 이 수준에서는 일상 속에서 비교적 안정적이고, 대인관계에서 호감을 주며 모나지 않게 지낼 수 있다. 그러나 이 수준에서 성격과 자신을 동일시하고 있다는 사실을 인식하지 못하게 되면, 의식발달 수준이 하강하게 되면서 심리 내적 갈등과 대인관계 갈등이 증폭할 가능성이 있다.

5수준에서는 자아가 급격히 팽창하는 모습을 보인다. 이 수준에서는 대인관계나 심리적 갈등이 심각해진다. 이로 인하여 방어기제를 단단하게 구축하게 되고 타인과의 갈등이 증폭되어 건강하지 못한 모습이 부각된다. 이렇게 5수준은 모든 유형에서 의식발달 수준이 악화되는 전환점이 된다.[27] 평범한 의식발달 수준의 마지막은 6수준이다. 6수준에서는 증가하는 불안을 극복하기 위해 자기중심적으로 과잉 보상하려는 모습을 보인다. 이 범위에서는 내면 갈등뿐만 아니라 타인과의 갈등이 폭증하는 특징을 보인다.[28] 게다가 아홉 가지 성격유형 모두 이 수준에서 자신의 불안을 행동화하고 공격화하려는 경향성을 보인다는 공통점을 가진다. 이 수준에서의 나타내는 이러한 과격한 행동은 신경증적인 행동이나 반응을 나타내게 되면서 타인과의 갈등을 급증시킨다.[29]

평범한 의식발달 수준에서 가장 낮은 단계인 6수준에서는 '납의 원칙leaden Rule'과 '황금률golden rule'이 일어난다.[30] 납의 원칙은

---

26 Don Richard Riso & Russ Hudson, 『에니어그램의 이해』, 210-211.
27 황임란, "에니어그램과 상담", 16.
28 황임란, "에니어그램의 발달 수준과 윌버의 의식 수준에 대한 연구", 86
29 Don Richard Riso & Russ Hudson, 『에니어그램의 이해』, 211-212.
30 Don Richard Riso & Russ Hudson, 『에니어그램의 지혜』, 108-111.

'네가 가장 두려워하는 것을 다른 사람에게 하라'는 뜻을 가지고 있으며, 황금률은 '다른 사람이 너에게 해주기를 원하는 대로 다른 사람에게 하라'는 것을 뜻한다. 한 가지 예를 들자면 평범한 의식 발달 수준 단계에서 1유형의 납의 원칙은 자신이 완벽하지 않고 부패하며, 결점이 있는 사람일까 두려워하면서도 동시에 타인의 부패와 결점을 찾아 지적한다. 납의 원칙은 유형마다 자신이 가지고 있는 기본적인 두려움으로 인해 다른 이들에게 고통을 가하는 것이다.

또한 6수준과 7수준 사이에는 의식발달 수준이 떨어지는 것을 경고하는 신호가 있는데 이것은 '위험신호'이다.[31] 위험신호는 각 성격유형의 두려움에서 기인한다. 두려움을 알아차리는 것은 의식발달의 저하에 대항할 수 있는 재료가 된다. 그리고 이 수준에서 위험신호를 알아차리지 못하게 되면 의식발달 수준은 파괴적인 상태로 추락하게 된다.

---

31 두 번째 충격지점에서 성격유형마다 나타내는 위험신호는 다음과 같다. 1유형의 위험신호는 자신의 이상이 잘못된 것이나 생산적이지 못하다는 두려움이고, 2유형의 위험신호는 자신이 친구나 사랑하는 누군가를 쫓아 버릴 것이라는 두려움이다. 3유형의 위험신호는 자신이 실패할 것이라는 두려움이고, 4유형은 스스로의 삶을 망치고 기회를 낭비할 것이라는 두려움이다. 5유형의 위험신호는 세상에서 자신의 자리를 찾을 수 없을 것이라는 두려움이고, 6유형의 위험신호는 자신의 행동이 자신의 안전을 위협할 것이라는 두려움, 7유형은 자신의 행동이 고통과 불행을 가져올 것이라는 두려움이다. 8유형의 위험신호는 타인이 자신을 위협하고 보복할 것이라는 두려움이고, 마지막으로 9유형의 위험신호는 현실이 자신에게 자신의 문제를 해결하라고 강요할 것이라는 두려움에 있다. Don Richard Riso & Russ Hudson, 『에니어그램의 지혜』, 109-112 참고.

일반적으로 평범한 의식발달 수준에서는 자신만의 특정한 패턴을 형성하면서 사회적 역할을 수행한다. 그러나 일정한 패턴으로 형성된 자신의 사회적 역할에 갇히게 될 때 각 성격유형의 주요 관심사와 자신을 동일시하게 되면서 그 상태에 매몰되게 된다. 그리고 이때 자기와 자아의 욕구를 분리하지 못하게 되면서, 자신의 욕구 충족을 위해 서로를 이용하며 갈등을 유발하게 된다. 이렇게 갈등이 발생하게 되면 인간은 의식발달 수준이 낮아지면서 공격적으로 변하게 된다. 정리하자면 평범한 의식 수준의 범위에서는 에너지의 균형이 깨지고 자신과 성격을 동일시하면서 갈등이 증가하는 모습을 나타낸다.

3) 건강하지 않은 의식발달 수준(7, 8, 9 의식발달 수준)

인간의 의식발달 1수준에서 9수준까지 중에 건강하지 않은 의식발달 수준은 7수준에서 9수준까지이다. 먼저 7수준은 평범한 의식발달 범위에서 건강한지 않은 의식발달 상태의 범위로 넘어가는 과정에 있다. 이 수준에서는 매우 역기능적이고 파괴적인 모습을 보임과 동시에 타인과 심각한 갈등상태를 보인다. 다시 말해 자신이 시달리고 있는 불안이나 갈등에서 벗어나기 위해서 강박적으로 자기방어를 하게 되고, 타인의 경계를 침해하게 되면서 심각한 갈등 관계를 일으킨다.[32] 그러나 이렇게 심각한 갈등이 증폭된다 해도 완전하게 병리적 단계는 아니다.

8수준에서는 현실과 동떨어진 모습을 나타낸다. 이 수준에서는 심각한 내면 갈등으로 인해 망상적 방어를 보이고 불안으로 인해 현실을 회피하게 되면서 인지, 감정, 행동 등 모든 면에서 왜곡된다.[33] 8수준에서의 왜곡은 완전히 병리적인 상태의 왜곡이다. 앞서 2수준에서 나타난 자아가 5수준에서 팽창되고 8수준에 와서는 완전히 망상적으로 된다. 마지막 9수준에서는 명백한 병리적 증상을 나타낸다. 이 수준에서는 자신뿐만 아니라 타인을 파괴하고 뚜렷한 폭력과 죽음이라는 자기 파괴적인 모습을 보인다.[34]

인간의 의식발달이 건강하지 않은 의식발달 수준으로 떨어지는 원인은 여러 가지가 있다. 그중에 대표적인 경우는 부정적 에너지의 투입이나 추가적인 정신적 '충격'이 있을 때이다. 이미 앞에서 언급했던 '충격지점'은 건강한 수준과 평범한 수준 그리고 평범한 수준과 건강하지 않은 수준 사이의 경계가 되는 동시에 완충구역이다. 이처럼 두 번째 충격지점 구역에서도 쉽게 건강하지 않은 의식발달 수준 상태로 떨어지지지 않는다. 그러나 특정 정신적 쇼크나 부정적 에너지가 추가되면 건강하지 않은 수준으로 떨어지게 된다. 예를 들어 실직이나, 이혼 등과 같은 정신적인 타격을 경험할 경우나 어린 시절의 경험이 건강하지 못한 개인이 보통 수준의 충격이나 어려움을 경험하게 되는 경우에 퇴행하게 된다. 이

---

32 Don Richard Riso & Russ Hudson, 『에니어그램의 이해』, 212.

33 황임란, "에니어그램의 발달 수준과 윌버의 의식 수준에 대한 연구", 86.

34 Don Richard Riso & Russ Hudson, 『에니어그램의 이해』, 212-213.

렇게 되면 어릴 적 고통이 재현되거나 어려움을 풀어가는 방법을 찾지 못하고 역기능적 반응을 패턴화하고 지속하게 된다. 이러한 과정에서 부정적 경험이 제한적 성격 안에서 자기와 동일시되어 점점 자신의 본성을 잃어버리도록 자기를 방치하게 된다.35 즉, 건강하지 않은 의식발달 수준의 모습은 자신과 성격을 분리하지 못하고 동일하게 유착되어 왜곡된 상태가 된다. 건강하지 않은 의식발달 수준 범위에서는 세 가지 에너지가 모두 균형이 깨져 역기능적이고 파괴적인 모습을 나타낸다.

정리하자면 인간의 의식발달 수준은 통합과 비통합의 과정 안에서 성장과 퇴보를 보인다. 인간은 자기와 자신의 성격 구조 사이의 동일시에서 자유로울수록 통합되고, 반대로 성격 구조 특성과 자신을 동일시하고 스트레스가 증가할수록 비통합의 방향으로 향하게 된다. 그러나 비통합 자체가 인간의 의식발달 수준을 하강하게 하는 것은 아니다. 분열 과정에서 억압된 감정이 행동화로 나타나는 것은 스트레스를 받고 억압된 마음을 발산하게 도와줌으로써 일시적인 안도감을 가져오는 탈출 창구가 된다. 비록 여전히 문제가 있지만 외현화된 역기능적 행동은 인간의 의식발달 수준이 건강하지 않은 수준으로 낙하하는 속도를 늦춰준다.36 그러므로 중요한 것은 무의식적이고 충동적으로 일어나는 비통합이 아니라 통합의 방향으로 성장하기 위한 의식적인 선택, 노력, 훈

---

35 Don Richard Riso & Russ Hudson, 『에니어그램의 지혜』, 112-114.
36 Don Richard Riso & Russ Hudson, 『에니어그램의 지혜』, 116-121.

련이다.

　리소는 인간을 본질적으로 우주적이고 빛의 존재이며 영적인 존재라고 보았다. 그리고 이상적인 인간이란 자기의 본성을 깨닫고, 우주적인 존재로서 자신의 본성과 영성을 회복하여 자기 초월 self-transcendent을 향해 나가는 존재로 보았다.[37] 따라서 통합된 성장이란 단순하게 건강한 의식발달 수준인 1, 2, 3수준에 머물러 있는 것만을 의미하는 것이 아니라 각 성격유형 안에서 통합과 균형을 이루는 것이다. 특히 각 성격유형의 특성을 이해하고 일깨우는 신호나 위험신호 등을 알아차려 가는 것이다. 그러므로 리소는 인간은 자신과 성격의 동일시의 멈춤을 시작으로 성장의 길, 즉 자기 초월적 존재로 인도된다고 보았다.

---

37 황임란, "에니어그램의 발달 수준과 윌버의 의식 수준에 대한 연구", 87.

III. 에니어그램 의식 수준과 발달심리학

에니어그램 의식발달 수준은 발달심리학과 연관성이 있다. 이 장에서는 에니어그램의 의식발달 수준이론과 대표적인 발달심리학인 심리사회발달이론과 통합심리학integral psychology[1]의 의식발달 이론의 관계를 살펴보기로 한다.

1. 리소의 의식발달과 에릭슨

인간의 의식발달을 이해하는 데 있어 대부분의 학자는 인간의 발달 단계를 중요하게 다루고 있다. 에릭 에릭슨Erik H. Erikson은 인간의 발달 단계 이론을 주장하는 대표적인 학자 중 한 사람이다. 그는 인간 발달을 심리사회발달이론으로 설명하는데 그의 이론의 특징은 다음과 같다. 첫째, 인간의 발달에 있어 개인과 환경과의 상호작용의 적합성을 강조하고 있다. 그는 인간을 신체적으로나

---

[1] 통합심리학은 동양의 전통적인 종교와 서양의 심리학을 통합할 뿐 아니라, 한 인간의 몸, 마음, 정신의 통합과 전일성의 추구, 기존 심리학 세력의 성과를 모두 포괄하고 통합하고자 하는 심리학이라고 정의할 수 있다. 통합심리학은 최근 통합적 패러다임의 주역인 윌버에 의해 주창되었다고 알려져 있지만 그 이전부터 여러 학자에 의해 주장된 바 있다. 최근 통합심리학은 통합적 접근방식을 포괄하는 심리학의 의미로 더 많이 통용되고 있다. 통합심리학의 대표적인 학자로는 켄 윌버가 있다(『상담학 사전』, 2016. 01. 15. 학지사).

정신적으로 살아 있는 유기체라고 보았고, 인간 생애 발달 단계를 유기체와 사회와의 상호작용에 따라 구분할 수 있다고 보았다.[2] 다시 말해 시대의 상황, 특정적 제도, 가치 체계와 같은 문화에 기반을 둔 사회성이 인간의 심리 발달 단계에 영향을 준다고 본 것이다.[3] 그의 이론에 따르면 발달 단계 안에서 사회문화적인 요소들이 인간 행동에 영향을 미친다는 것을 알 수 있다. 둘째, 인간의 자율적 자아를 강조하고 있다는 점이다. 에릭슨에 따르면 인간 행동의 중심에는 자아가 있고, 자아의 선택에 따라 행동의 방향이 선택된다. 즉, 그는 자율적 자아로서의 인간이 사회적 환경과 가치관, 제도를 선택하고 이에 따라 행동의 방향에 영향을 받는다고 보았다. 셋째, 인간의 심리사회발달 단계 안에서의 위기와 자아 특질 사이의 균형을 중요하게 보았다. 에릭슨의 이론에는 8단계의 발달 단계가 있고, 그 발달은 점진적으로 이루어진다. 그뿐만 아니라 단계마다 주어진 과업이 있다. 그에 따르면 특정 발달 안에서의 과업 성취는 다음 단계로 성장하는 발달의 토대가 된다. 그리고 각 발달 단계에는 특정 위기가 있고, 그 위기를 지혜롭게 잘 극복하게 되면 긍정적인 자아 특질을 얻게 된다. 이때 각 단계의 위기와 자아 특질은 서로 대립하는 것이 아니다. 위기를 지혜롭게 극복함으로 얻게 된 자아 특질은 그 자체로 긍정적인 의미를

---

2 Erik H. Erikson, *Childhood and Society* (New York: W. W. Norton & Company, INC, 1963), 247-274.
3 이종식, 『성격의 비밀』 (북랩, 2004), 252-253.

지닐 뿐만 아니라 단계별 위기와 자아 특질 사이의 바람직한 균형 자체가 인간의 성장점이 되는 것이다.[4]

이와 같이 볼 때 에니어그램 의식발달이론과 심리사회발달이론의 유사점을 발견할 수 있다. 첫째, 두 이론 모두 주변 환경에 밀접한 연관성을 가진다는 점이다. 심리사회발달이론이 사회문화적인 요소들, 즉 개인의 환경과 밀접한 연관성을 가진다는 점과 유사하게 리소의 의식발달이론도 개인과 환경과의 연관성을 강조한다. 에니어그램 의식발달이론에 따르면 인간은 성장 배경에 따라 삶의 태도나 관점의 차이를 보인다. 그리고 이 관점의 차이는 의식발달 수준을 결정하는 근거가 된다. 따라서 에니어그램 의식발달은 주변 환경에 따른 대인 행동이나 태도 그리고 인간의 성장 배경이 되는 대상관계에 영향을 받는다는 것을 알 수 있다.

둘째, 이 두 이론 모두 자아를 중요하게 다룬다는 점이다. 심리사회발달이론에서 인간 발달 이해에 자아는 중요한 위치를 차지한다. 이와 마찬가지로 에니어그램에서도 성격 이해에 있어 자아를 중요하게 다루고 있다. 에릭슨에 따르면 인간은 자율적 자아의 선택에 따라 사회적 환경이나 가치관, 제도와 같은 주변 환경에서의 행동 방향이 결정된다. 에니어그램 또한 자아 자체를 강조하는 것은 아니지만 자아 인식을 통한 '자기 이해'를 중요하게 다루고 있다. 에니어그램에서는 자아 인식을 통해서 자기 이해가 가능할

---

4 이종식, 『성격의 비밀』, 254.

때 자기의 함정을 알아차리고 자기와 성격과의 동일시 여부를 알아차릴 수 있다.

셋째, 두 이론 모두 균형을 통한 통합과 성장을 강조한다는 점에서 유사하다. 심리사회발달이론이 발달 과정에서 위기와 자아 특질 사이에서의 균형을 통해 긍정적인 자아 특질을 획득할 수 있다고 본 것과 같이 에니어그램에서 탈동일시를 통한 에너지의 균형은 통합으로 나아갈 수 있는 길이 된다. 에니어그램에서 세 가지 기본 에너지가 균형을 이루는 것은 자신과 성격의 동일시에서 벗어날 수 있는 길이 되고, 나아가 의식발달 수준을 향상시킬 수 있는 방법이 된다.

넷째, 두 이론이 모두 발달과 성숙의 개념을 가지고 있다는 점에서 유사하다.[5] 심리사회발달이론에서는 개인의 심리적 요구와 사회적, 환경적 요구가 균형을 이루는 것을 성장과 발달이라고 본다. 에니어그램 의식발달이론에서도 기본 세 가지 에너지가 균형을 이룰 때 건강한 의식발달 수준으로 성장할 수 있다고 본다. 그러므로 두 이론 모두 균형을 이룰 때 성숙과 발달을 이룬다는 것을 알 수 있다.

마지막으로, 에니어그램 의식발달이론과 심리사회발달이론의 유사점은 발달 과정에서 겪는 어려운 상황 극복이 생존을 위한 에너지 원천이라고 본다는 점이다.[6] 심리사회발달이론에서 '위기'

---

5 이은하, "에니어그램 성인용 성격검사를 활용한 성인 인성 패턴에 관한 연구", 「에니어그램심리역동연구」 1권 1호 (2014), 5.

라는 상황 극복을 에너지의 원천이라고 보았던 것처럼, 에니어그램의 각 성격유형의 '함정'은 극복해야 할 과제인 동시에 성장의 전환점이 된다. 즉, 자기 인식을 통해 성격의 함정을 알아차리고 극복하려고 노력할 때 성장이 이루어지는 것이다.

이와 같이 두 이론의 유사점을 통해 심리사회발달 과정과 에니어그램 의식발달 과정은 서로 연관성을 가진다는 것을 알 수 있다. 비록 서로 완전한 상응을 이루지 않는다고 하더라도 두 이론 사이의 연관성은 다음과 같이 찾아볼 수 있다.

첫째, 에릭슨의 발달이론의 1단계는 0세에서 2세 정도까지의 영아기이다. 이 시기에는 기본적인 신뢰감basic trust과 불신감mistrust의 발달 국면을 맞이한다.7 영아의 건강한 발전을 위해서는 신뢰감뿐 아니라 적절한 불신의 경험이 있어야 한다. 영아는 불신이라는 자극을 통해 진정한 신뢰감을 형성하고 성장할 수 있게 된다. 그리고 이 과정에서 희망이라는 미덕을 성취할 수 있게 된다. 다시 말해 불신과 신뢰 사이의 갈등을 해결하는 경험이 증가하게 되면 영아는 미래를 향한 희망을 가지게 되고, 사회생활을 하는 데 믿음을 유지할 수 있게 된다는 것이다.8 이 시기에 균형을 통해 진정한 신뢰감을 형성한다는 것은 궁극적 존재 안에서 내적 자기 신뢰감을 형성할 수 있다는 점과 연관 지어 볼 수 있다. 그리고 신뢰

---

6 이은하, "에니어그램 성인용 성격검사를 활용한 성인 인성 패턴에 관한 연구", 3.
7 Erik H. Erikson, *Childhood and Society*, 247-251.
8 이종식, 『성격의 비밀』, 255.

는 앞으로의 성장 발달의 긍정적인 가능성을 보여준다고 할 수 있다. 이러한 모습은 에니어그램의 건강한 의식발달 1수준에서 자신의 내적 권위에 대해 신뢰하고 안정감을 누리는 모습과 연관 지을 수 있을 것이다. 반면에 이 시기에 신뢰와 불신 간의 균형을 이루지 못하게 되면, 불안을 낳고 심리적 왜곡을 초래하게 되어 자기 파괴적인 모습이 나타날 수 있는데 이러한 모습은 에니어그램의 건강하지 않은 의식발달 수준, 특히 8수준과 9수준에서 나타나는 망상과 강박 행동, 자기 파괴적인 모습과 흡사하다고 할 수 있다.

둘째, 에릭슨의 2단계는 2세에서 3세로 유아기에 해당한다. 이 시기에서는 대소변훈련 가운데, 자율성autonomy과 수치심shame & doubt이 발달하게 된다. 자율성은 자기조절능력을 기초로 선택할 수 있는 능력이다. 각 단계의 긍정적 자아 특질은 전 단계의 긍정적 자아 특질에 기초한다는 점에서 자율성은 전 단계에서 형성된 신뢰감을 기초로 한다. 또한 자기 조절의 실패에 따라 수치심을 느끼게 되지만 수치심은 자율성을 형성하는 데 중요한 도움을 준다는 사실에서 균형이 중요하다.9 이 단계에서 균형에 성공하게 되면 '의지'라는 미덕을 성취할 수 있게 되는데 이 시기에 균형을 통해 긍정적인 자아 특질인 자율성을 획득한다는 것은 에니어그램의 건강한 의식발달의 2수준에서 나타나는 모습과 흡사하다고

---

9 Erik H. Erikson, *Childhood and Society*, 251-254.

볼 수 있다. 특히 건강한 자율성을 획득한다는 점은 건강한 의식 발달 2수준에서 보이는 스스로 외부의 문제를 자각하고 해결할 수 있는 능력을 갖추는 모습과 연관 지을 수 있다. 반면 균형을 이루지 못하게 될 경우에는 자기 방어기제가 와해되어 강박적으로 자기를 방어하고, 자기와 타인의 경계를 침범하는 모습을 보이게 된다. 이와 같은 모습은 에니어그램의 건강하지 않은 의식발달 7수준에서 나타나는 현상과 흡사하다. 에니어그램 의식발달 7수준에서는 타인이 자신을 침해한다고 생각하는 상태가 되고, 이러한 상태에 이르면 방어기제가 와해되어 강박적으로 자기를 방어하기 위해 타인을 침해하는 동시에 자기 파괴적인 모습을 보이게 되는데 이와 같은 모습은 에릭슨의 2단계에서의 불균형 상태에서 긍정적 자아 특질 획득에 실패할 경우 나타내는 증상과 비슷하다고 볼 수 있다.

셋째, 에릭슨의 3단계는 제2 유아기인 3세에서 5세이다. 이 시기의 유아는 자율성이 형성되어 자신의 의지로 상황에 대처하고 놀이를 통해 자발성을 경험하게 된다.[10] 에릭슨에 따르면 이 단계에서는 호기심 자극과 의사소통에 따라 주도성initiative을 경험하게 되지만 탐색 경험의 결과에서 지나치게 처벌받거나 무시 받는 경험을 하게 되면 죄책감guilt을 느끼게 된다.[11] 이러한 죄책감은 목표를 수립하고 추구하는 것을 방해할 뿐만 아니라 지속적으로 죄

---

10 Willard B. Frick/손정락 옮김, 『자기에게로 가는 여행』 (성원사, 1993), 57.
11 이종식, 『성격의 비밀』, 256.

책감을 경험하게 될 때 일반화된 소극성과 무가치감, 성적 무기력이나 불감증과 같은 병리적 증상으로 발전할 요인을 제공받게 된다.[12] 죄책감과 주도성 사이에서 균형을 이루게 되면 '목적 지향성'이라는 미덕을 성취하게 된다.[13] 이 시기의 자아 특질인 주도성과 위기인 죄책감 사이에서 균형을 통해 주도성을 획득하고 이를 통해 나타나는 모습은 에니어그램의 건강한 의식발달 3수준에 보이는 모습과 흡사하다고 할 수 있다. 주도성과 죄책감 사이에서의 균형에 성공하게 되면 사회적 가치에 초점을 맞추어 공동체에 가치를 두며 사회적 관계 안에서 상호작용하며 헌신하는 모습을 보일 수 있는데, 이는 건강한 의식발달 3수준에서 보이는 모습과 연관 지을 수 있다. 반면 주도성과 죄책감 사이에서의 균형을 이루는 데 실패하게 되면, 내·외적인 관계 갈등이 심화되는데 이러한 갈등 모습은 에니어그램 5, 6수준에서 나타내는 현상과 유사하다고 할 수 있다. 특히 사회성이 발달하는 이 시기에 균형을 이루지 못하게 되면, 대인관계에서의 갈등의 모습이 나타나는데 이러한 모습은 의식발달 5수준에서 나타나는 대인관계에서의 실질적인 심리적 갈등이 심화되고 나아가, 노골적인 갈등이 대두되는 모습과 연관 지을 수 있다. 또한 갈등의 심화되어 자기중심적이고 공격적 행동을 보이는 6수준에서의 모습은 에릭슨의 3단계에서 보이는 자신의 소극성과 무가치하고 생각하는 것을 방어하는 방식

---

12 L. A. Jelly/이훈구 옮김, 『성격심리학』 (법문사, 1990), 155-156.
13 Erik H. Erikson, *Childhood and Society*, 255-258.

으로 표현하는 것으로 이해할 수 있다. 이러한 모습은 6수준의 특징인 자기 보상 모습에 해당한다.

넷째, 에릭슨의 4단계는 6세에서 12세까지의 학령기이다. 이 시기의 발달 과제는 근면성industry과 열등감inferiority이다. 에릭슨에 따르면 이 단계의 발달 과제는 이 두 과제가 서로 자극을 통해 균형을 이루는데, 특히 열등감을 통해 자극을 받아 뜻한 바를 향해 성실하게 나아가 목표를 성취하게 되면 근면성을 획득하게 되고, 이로 인해 '능력'이라는 덕목을 함양할 수 있게 된다.[14] 이 단계의 자아 특질과 위기 사이의 균형을 통해 근면성을 획득하게 된다는 것은 에니어그램 평범한 의식발달 4수준의 모습과 연관된다. 특히 자이 특질인 근면성을 획득한다는 것은 4의식발달 수준에서 보이는 자신의 신념, 사고 그리고 제도 애착을 보이며 충성심을 나타낸다는 긍정적인 점에서 흡사하다. 그러나 이 단계의 자아 특질과 위기가 균형을 이루지 못하게 되면, 인간은 과도한 자기 최면과 페르소나[15]를 사용함으로 거짓 자아를 팽창시키게 된다.[16]

---

14 Erik H. Erikson, *Childhood and Society*, 258-261.

15 페르소나는 고대에 배우들이 쓰던 가면을 의미하는 라틴어에서 유래한 용어로서, 세상에 대처하기 위해 개인이 쓰는 사회적 가면 또는 사회적 얼굴을 의미한다. 페르소나는 성 정체성이나 자아 정체성 또는 직업과 같이 사회가 규정하는 나에 대한 인식과 관련되어 있다. 또한 심리학적으로 타인에게 파악되는 자아, 혹은 자아가 사회적 지위나 가치관에 의해 타인에게 투사된 성격을 의미하고, 신학적 의미로는 의지와 이성을 갖추고 있는 독립된 실체를 뜻한다. 그리고 철학적 의미로는 이성적인 본성을 가진 개별적 존재자를 가리키는 말로 사용된다(『정신분석용어사전』, 2002, 대상관계정신분석연구소).

16 이종식, 『성격의 비밀』, 256-257.

이러한 모습은 에니어그램 의식발달의 4, 5수준에서 보이는 부정적인 모습과 유사하다. 에니어그램 4수준에서는 자신의 성격과 자신을 동일시하기 시작하면서 페르소나가 발현되는데, 이 페르소나는 학령기에 과업수행의 불균형으로 생긴 열등감을 숨기기 위한 모습이라 할 수 있다. 또한 이 시기에 나타나는 심리 내적 갈등 증폭은 의식발달 5수준에서 나타나는 거짓 자아를 부풀리는 모습과 비슷하며, 과장된 자기표현으로 방어하는 어린이의 모습과 흡사하다.

다섯째, 5단계는 12세에서 19세로 청소년기에 해당한다. 이 단계의 발달 과제는 정체감identity과 역할 혼란confusion이다. 정체성을 확립하기 위해서는 자신이 생각하고 의식하는 자기와 현실적이고 객관적 자기 사이에 동질성과 일관성이 있어야 한다. 그리고 이를 통해 자신감을 경험해야 한다.17 이 과정에서 균형에 성공하면 '충실성'이라는 미덕을 얻게 된다. 그러나 이 시기에서는 명확한 사회적 역할과 책임이 주어지지 않기 때문에 정체성을 확립하기 어렵다. 이러한 자기 정체성 혼란의 모습은 자기를 이해하지 못하고 각 유형의 함정에 빠져드는 에니어그램 5수준과 비슷한 모습을 보인다. 평범한 의식발달 5수준의 모습은 자신의 내적 권위를 상실하고 우유부단한 모습을 보이거나 대인관계를 통제하려 한다는 특징을 가진다. 이러한 모습은 에릭슨의 발달이론 5단계

---

17 Erik H. Erikson, *Childhood and Society*, 261-263.

에서 정체감 획득의 실패했을 때 보이는 모습으로 이해할 수 있다.

특히 에니어그램 의식발달 5 수준에서 자기 이해에 어려움을 느낀다는 점에서 심리사회발달이론의 5단계의 정체감 획득에 실패하고 역할 혼란을 일으키는 모습과 유사하다고 할 수 있다. 이 시기에 균형을 통해 정체감을 획득하며 나타내는 모습은 자기를 이해하고 수용하면서 공동체의 구성원으로 헌신하는 것이다. 이러한 모습은 에니어그램 건강한 의식발달과 평범한 의식발달 4수준에서의 모습과 연관 지어 볼 수 있다.

여섯째, 심리사회발달의 6단계는 20세에서 35세로 청년기라고도 하고 초기 성인기라고도 한다. 이 단계의 발달 과제는 친밀감intimacy과 고립감isolation이다. 이 시기에 조직 사회에서 친밀감 형성에 실패하게 되면 고립감을 경험하게 된다. 그리고 자아 특질 형성과 위기 사이에서 균형을 이루고 나면 '사랑'이라는 덕목을 실현할 수 있게 된다. 이 시기에 획득할 수 있는 덕목으로서의 사랑은 청년기에 조직 사회의 구성원으로서와 이웃 간의 친밀감이 전제되어 있다.[18]

이 단계에서부터는 건강한 의식발달 수준의 모습이 나타난다. 특히 이 단계의 모습은 에니어그램 건강한 의식발달 수준인 3수준에서의 모습과 비슷하다고 할 수 있다. 이 단계에서는 사회적 친밀감의 형성을 위해 건강한 페르소나를 사용되는데, 이러한 면

---

18 Erik H. Erikson, *Childhood and Society*, 263-266.

에서 보면 페르소나가 에니어그램 3수준에서 발생한다는 것은 건강한 대인관계를 위한 페르소나 형성이라는 중요한 의미를 가진다고 할 수 있다. 또한 청년기의 과업 수행에 대한 성공은 사회적 친밀감을 형성하고 균형을 이루어가는 의식발달 3수준에서 보여주는 사회적 가치 수준과 연결된다고 할 수 있다. 반면에 자아 특질과 위기 사이의 균형에 실패하게 되면 고립감을 가지게 되는데 이는 에니어그램의 평범한 의식발달 6수준에서 나타나는 부정적인 특징과 연관 지을 수 있다. 비록 정확히 일대일 대응이 되지 않는다고 하더라고 이 수준에서 대인관계는 과잉 보상을 받기 위해 과잉 행동하고 독단적인 모습을 보이므로 관계의 단절과 고립이 심화된다는 점에서 에릭슨의 6단계에서 고립감을 보인다는 점과 유사하다.

일곱째, 7단계는 36세에서 65세에 해당되는 장년기이다. 에릭슨에 의하면 이 시기는 인간의 완전한 성숙기이다. 이 단계의 발달 과업은 생산성generativity과 침체감self stagnation이다.

이 단계에서는 경험과 지식을 전수하고 생활과 문화를 번성하게 하는 과업이 요구되는 시기이다. 또 생산성이 실천되며 '배려'라는 미덕을 획득하게 된다.[19] 이때의 생산성이란 청년 세대들과 관계하고 이들에게 세대를 계승하고 발전을 촉진할 수 있는 책임감이라고 할 수 있다.[20] 이 시기의 발달 과제인 생산성과 침체감이

---

19 이은하, "에니어그램 성인용 성격검사를 활용한 성인인성 패턴에 관한 연구", 4.
20 Donald Capps/문희경 옮김, 『인간발달과 목회적 돌봄』 (이레서원, 2001), 22-31.

균형을 이루게 되면, 전체 세대가 인간다운 생활을 잘 영위해 갈 수 있도록 하는 자질을 개발할 수 있고, 타인을 돌보며 필요를 제공하게 된다. 이러한 장년기의 균형 이룬 모습은 에니어그램 2수준의 모습과 연결해서 생각해 볼 수 있다.

2수준의 심리적 역량 모습은 비록 본질과의 분리에서 오는 두려움을 극복하지 못했지만 이를 인식하고, 이로 인한 불안을 극복하고자 노력하는 과정에서 생산성과 침체감의 균형이 나타난다고 볼 수 있다. 에릭슨의 심리사회발달이론과 에니어그램의 의식발달 수준이 7단계까지 정확히 일치하며 부정적인 부분까지 대응되지 않는다. 그렇다고 하더라도 세대의 전수를 위한 노력과 생산성을 획득하기 위한 의식의 확장 그리고 이를 위한 노력은 건강한 자아가 가지는 특징이 건강한 의식발달 2수준에서의 나타내는 모습과 유사하다고 할 수 있다.

마지막으로 심리사회발달이론의 마지막 8단계는 65세 이후의 노년기에 해당한다.

이 단계에서의 발달 과업은 통합성integrity과 절망감despair이다.[21] 이 시기에는 자신을 전체적으로 바라보고 자아의 완성과 통합 그리고 재구성을 할 수 있는 시기이며, 자아의 통합을 통해 '지혜'라는 덕목이 실천된다.[22] 에릭슨에 따르면 이 단계에서 과업 수행을 성공하게 되면 자신의 전 일생을 되돌아보거나 검토하고 평

---

21 Erik H. Erikson, *Childhood and Society*, 268-269.
22 이은하, "에니어그램 성인용 성격검사를 활용한 성인인성 패턴에 관한 연구", 4.

가하며 숙고할 수 있다. 이 과정을 통해서 노년기에서는 자기를 받아들이고 삶을 통합함으로 통전적 인격 형성을 이룰 수 있게 된다. 즉 통합이라는 긍정적인 가능성이 열리는 것이다. 이처럼 자아가 통합되고 완성된다는 것은 에니어그램 의식발달의 1수준이 가진 해방의 의미와 같은 연장선에서 이해할 수 있다. 앞서 이야기한 것처럼 에니어그램 1수준은 진정한 자기를 실현할 수 있는 자아 초월 단계를 말한다. 이것은 자아를 통합하고 재구성하면서 균형을 이루어가는 노년기 시기의 모습과 비슷한 의미를 가진다고 볼 수 있다.

종합하자면 에릭슨의 발달 단계에서 제시한 덕목들은 각 단계의 위기와 자아 특질과의 균형을 통해 이루어진다. 단계별 균형과 과업 획득은 인간 성장을 돕고, 이를 통해 자아 발달이 이루어지게 된다. 이렇듯 심리사회발달이론에서 단계별 균형이라는 것은 발달의 의미를 지닌 성장이다. 또한 에니어그램에서도 에너지의 균형을 통해 의식발달 수준이 상승한다는 것은 성장의 의미를 지니고 있다. 다시 말해 심리사회발달이론에서 각 단계별 성장을 위해서 균형의 중요성을 강조한다. 그리고 에니어그램에서도 에너지가 균형을 이루어 건강한 자신의 인식 확장이 이루어질 때 성장한다는 의미에서 균형의 중요성을 강조하고 있다.

정리해 볼 때, 인간의 의식발달 수준은 상황과 환경의 변화에 따라 상승과 하강을 반복하면서 성장하기도 하고 퇴보하기도 한다. 그렇기 때문에 어릴 적 발달 과업에 실패가 한 의식발달 수준

에 머물고 있게 한다고 주장하기 어렵다. 이러한 면에서 지금까지
의 고찰은 균형이 인간의 성장과 발전에 중요한 의미를 지니고 있
다는 사실을 보여준다.

2. 리소의 의식발달 수준과 윌버

트랜스퍼스널transpersonal[23] 심리학의 대표 사상가 켄 윌버Ken
Wilber에 따르면 인간의 의식 세계는 개인 영역과 초개인 영역 모두
를 포함하는 전체성의 의미를 가진다. 그에 따르면 인간의 의식
세계에서 개인 영역에는 그림자shadow/persona와 자아ego, 실존existence
이라는 세 수준이 있고, 초개인 영역에는 초개인, 마음(우주심)이
라는 수준이 존재한다. 그래서 그는 인간의 의식발달이 초개인의
영역까지 확장되고, 수직적 변형까지 통합될 수 있다고 보았다.
그는 전체적인 인간의 의식 세계를 일곱 계층의 구조 모델로 설명
한다.[24]

---

23 트랜스퍼스널(transpersonal)은 초개인심리학이라고도 불린다. 이것은 인간 정신
(psyche)의 인습적, 개인적, 개체적 수준을 넘어서는 발달을 의미한다. 다시 말해
인간이 자신의 본성을 더 깊고 넓게 체험하거나 타인, 자연 그리고 영적인 차원까지
도 더 긴밀히 연결된 느낌이 들게 되는 의식 상태나 과정을 연구하는 분야이다.
보다 구체적으로, 트랜스퍼스널이란 평균적 개인의 성숙한 자아와 실존의식을
넘어서 열린 의식의 확장(수평적 트랜스)과 의식의 변용(수직적 트랜스)을 통한
자아 초월적, 초개인적, 초자아적 의식 영역으로의 발달을 총칭하는 말이라고 할
수 있다.
24 윌버의 일곱 계층 구조에서 맨 하위 수준은 그림자 수준, 가면(shadow/persona)수
준이다. 이 수준에서는 자신의 극히 일부분을 자신의 모든 것이라고 생각하고

월버는 전체성을 포함하는 폭넓고 광범위한 인간 의식세계를 보다 자세히 설명하기 위해 AQALAll-Quadrants All-Levels(온수준/온상한적) 모델, 즉 IOSIntegral Operating System(통합운영체계)를 제시하였다.25 AQAL이란 모든 4분면, 즉 모든 수준, 라인, 상태, 타입을 줄여서 표시한 것이다. 이는 개인의 내면과 외면, 집단의 내면과 외면을 일컫는다. 이는 〈그림 4〉에서 보는 바와 같이 개인의 내면은 좌상한, 외면은 우상한에 자리잡고 있고, 집단의 내면은 좌하한, 외면은 우하한에 자리 잡고 있다. 그런데 이 4분면은 각각 성

자기와 자기 이미지를 동일시한다. 또한 이 수준은 지극히 협소하고 작다. 일곱 계층 중 두 번째 수준은 철학적(philosophic) 수준이다. 철학적 수준에서는 자아를 가면과 그림자로 분리하는 이원론적 사고를 한다. 또 개인이 자신의 신념이나 사고방식, 주장과 같은 나름의 철학 속에 자신을 가두어 둔다. 세 번째 수준은 자아(ego) 수준이다. 자아 수준은 통상의 지각적인 의식 수준으로 그림자를 수용하지만, 신체와는 분리되어 있다. 자아 수준에서는 자신을 신체와 동일시하는 것에서 벗어난 심리적 자아를 지닌 의식 상태로 본다. 네 번째 수준은 생물 사회적(bio-social) 수준이다. 이 수준에서는 개인이 생물 사회학적 존재로 언어와 기호와 구조 그리고 생활의 기능의 단위가 되는 가족의 규칙이나 관습과 같은 사회적 정보를 무의식적으로 받아들여 내면화한다. 다음 다섯 번째 실존(existential) 수준에서는 유기체와 환경 사이의 분열이 일어난다. 실존 수준에서는 유기체가 환경과 격리되어 존재하고 있는 의식 상태를 체험하게 된다. 여섯 번째 초개인(transpersonal) 수준은 개체 의식이 초월 될 뿐 아니라 환경과 유기체와의 분리된다. 이 수준 영역에서는 시간과 공간을 초월하는 '초상현상'(paranormal occurrences)과 '신비 체험'(mystic experiences)을 할 수 있다. 마지막 수준은 영원(eternity)-무한(infinity)-우주(universe)-마음(mind) 수준이다. 이 수준은 분리나 분열이라는 이원적 대립이 없는 비이원적(nondal) 상태이고, 내가 우주이고 우주가 곧 나인 우주심(universe mind)의 상태이다. 즉 모든 것의 대립이 존재하지 않는 일체화된 마음의 상태 수준이다. Ken Wilber/박정숙 옮김, 『의식의 스펙트럼』(범양사, 2006), 176-234.

25 Ken Wilber, 『켄 월버의 통합비전』, 19-20.

장과 발달 그리고 진화를 보여준다.[26] 윌버에 의하면 온전한 인간 이해를 위해서는 AQAL를 통해 수평적 의미(의식의 변화)와 수직적 의미(의식의 변형) 모두를 포함해야 한다.[27] 그럼에도 불구하고 그는 AQAL의 좌상한에 위치한 개인 내면을 특히 강조한다. 그에 따르면 개인 내면의 의식 수준은 10단계의 구조를 지닌다. 그리고 그는 이 구조를 통해 의식의 수직적인 개념을 설명한다. 따라서 본 장에서는 윌버가 특히 중요하다고 여겼던 개인의 의식 수준에 해당되는 좌상한에 집중하고자 한다.

〈그림 4〉

개인의 내면	개인의 외면
집단의 내면	집단의 외면

〈AQAL이론 모형〉

이에 앞서 우선 윌버의 의식발달의 전 과정을 살펴보면 다음과 같다. 그에 따르면 인간의 의식발달이란 통합에 이르도록 성장하고 진화하는 과정이다. 그는 인간의 의식발달 단계를 언급하는데 그 단계는 단계마다 조직화 또는 수준의 복잡성을 보인다는 면에

---

26 Ken Wilber, 『켄 윌버의 통합비전』, 68-77.
27 본 장에서 변화와 변형의 의미는 5장에서 자세히 설명된다.

서 단계와 수준을 같은 의미로 사용하고 있다.[28] 또한 그에 의하면 인간의 의식발달 과정에는 세 단계가 있는데, 이 단계는 전개인 단계pre-personal stage에서 개인 단계personal stage를 거쳐 초개인 단계 trans-personal stage로 진행된다. 이 과정에서 전/초오류pre-trans fallacy가 발생하기도 하는데 이 전/초오류란 전개인 단계의 전前이성적인 것과 초개인 단계의 초超이성적인 것, 두 가지 모두가 비非이성적 이어서 아주 비슷해 보일 수 있다는 것이다.[29] 즉, 전개인 단계나 초개인 단계 모두 이성적이지 않고 에고가 없기 때문에 오류가 일 어날 수 있는데, 이 오류에 빠지게 되면 두 가지 실수를 범할 가능 성이 있다고 본다. 첫째는 초이성적인 것을 전이성적인 미숙한 것 으로 환원시킬 수 있다는 오류이거나 전이성적인 유아적 이미지 와 신화를 초이성적인 영광으로 격상시킬 수 있다는 오류이다.[30] 둘째 오류는 의식발달이 적절하게 이루어지지 않을 경우, 발달 과 정에서 특정 유형의 병리가 나타나는데, 이 경우에도 일반적으로 인간 발달의 정점을 개인 단계라고 보기 때문에 더 발달적인 단계 인 초개인적인 수준을 무시하거나 병리적으로 간주하는 오류를 범할 수도 있다는 점이다.[31] 그러므로 윌버의 의식발달 개념은 단

---

28 발달 단계와 관련이 있는 '수준'이란 "무엇을 판단하고 배제하는 양식이 아니라, 각 수준에서 그 수준의 독특한 '특성의 발현'을 뜻한다." 이런 독특성의 단계는 일단 어느 단계에 도달하면 그 단계의 특성을 잃지 않는다는 특징을 가진다. Ken Wilber, 『켄 윌버의 통합비전』, 30-32.

29 Ken Wilber, 『켄 윌버의 통합비전』, 134.

30 Ken Wilber, 『켄 윌버의 통합비전』, 126.

순한 직선적인 발달 개념이 아니라 수평과 수직의 의미를 포함한다는 점을 알 수 있다.

한편 개인의 내면, 의식의 주관적 혹은 개인적 측면을 나타내는 좌상한은 인간의 의식 수준의 발달 개념을 내포하고 있다. 윌버는 인간 의식의 기본 구조를 10단계의 과정으로 보았다. 그에 의하면 의식 수준 기본 구조 10단계 과정 중 각 단계에서 발달이 적절히 이루어지지 않을 경우 병리적인 증상이 나타난다고 한다.[32] 이러한 윌버의 의식 수준의 기본 구조는 에니어그램 수직적인 의식발달 수준과 연관성을 가진다. 이를 살펴보면 다음과 같다.

윌버의 1단계는 물리적 차원 단계로 신체적 감각(sensory- physical min 단계이다. 이 단계에서 인간은 감각과 지각이 운동적 세계와 연결되고 동일시되어 있어, 내부와 외부의 분간이 어려운 융합을 경험한다. 그러므로 이 과정에서 본질적 자기와 신체적 자기와의 차별화에 실패하게 되면 일차적 모체에 고착되어 융합된 채로 남아 현실 왜곡과 함께 자기와 신체적 자기와의 경계를 세울 능력을 상실하게 된다. 이로 인하여 환각적 이미지와 상념을 가지게 되고 자기의 사고와 타인의 사고 사이를 혼동하며 자기 파괴적이고 병리적인 증상이 생길 수 있다.[33] 그리고 2단계는 감성적 자기가 탄생하는 공상적 감정fantastic-emotional mind 단계이다. 이 단계는 환상과

---

31 Ken Wilber, 『켄 윌버의 통합비전』, 127-135.
32 Ken Wilber/조효남 옮김, 『모든 것의 역사』 (대원출판사, 2004), 249-272.
33 Ken Wilber, 『모든 것의 역사』, 271.

현실의 구분이 모호하여 경계가 아직 확립되지 않는 상태이다. 정서가 중심이 되는 이 단계에서는 자기애적 모습을 나타낸다. 월버에 의하면 이 단계에서 감정적 자기나 정서가 손상될 경우 경계선 징후 장애를 겪게 된다고 한다.[34] 이처럼 1, 2단계의 병리적인 모습들은 에니어그램의 건강하지 않은 7, 8, 9 의식발달 수준에서 나타나는 침해나 망상으로 인한 강박 행동, 병리적인 자기파괴와 유사한 모습을 보임을 알 수 있다.

〈표 3〉에서 보는 것과 같이 3단계는 표상적representational mind 단계이다. 월버에 의하면 이 단계에서는 상징 개념과 인지적 조작이

〈표 3〉 월버의 의식발달 수준과 리소의 의식발달 수준의 통합적 이해

	리소(Riso)	월버(Wilber)
상위		10단계 비이원
		9단계 원인
		8단계 정묘
	1수준	7단계 혼적
		6단계 비전-논리
	2수준	5단계 형식적 성찰
	3수준	
	4수준	4단계 규칙과 역할
	5수준	3단계 표상적
	6수준	
	7수준	2단계 공상적-감정
	8수준	1단계 신체적 감각
하위	9수준	

---

34 Ken Wilber, 『모든 것의 역사』, 273-279.

가능한 정신적 자기 개념이 나타난다. 그리고 억압이라는 방어기제를 사용하게 되면서 거짓 자기가 출현하게 된다고 한다.[35] 이러한 모습은 대인간의 통제와 과도한 보상이 일어나는 에니어그램 의식발달 5, 6수준의 모습과 상응된다는 것을 알 수 있다. 특히 에니어그램 의식발달 5수준에서부터 병리적인 모습들이 나타나는 것과 같이 표상적 단계에서도 일부 인지 왜곡이 발생하면서 병리적 가면을 가지게 된다는 점에서 유사하다. 4단계는 규칙과 역할rule, role mind 단계이다. 이 단계에서 인간은 더 이상 신체와 즉각적인 충동에 사로잡히지 않고 역할과 규칙을 취할 수 있게 된다. 그 가운데 페르소나가 생기고 타인의 입장을 고려하여 타인의 역할을 취할 수 있게 된다.[36] 이와 같은 월버의 4단계 규칙과 역할 수준 단계의 모습은 사회적 역량이 발휘되는 에니어그램 의식발달 4수준의 모습과 상응된다. 따라서 이상 월버의 3, 4단계에서 나타나는 모습은 에니어그램 평범한 의식발달 4, 5, 6수준에 해당하는 모습과 비슷하다는 것을 알 수 있다.

5단계는 형식적 성찰formal reflexive mind 단계이다. 월버에 따르면 이 단계에서는 자신의 사유를 객관화시킬 수 있고, 가설 설정과 추론이 가능하며, 자아는 합리적이고 반성적인 성찰이 가능하다. 이 단계에서 나타날 수 있는 병리적 모습은 정체성 위기를 가질 수 있다는 점이다.[37] 이러한 모습은 에니어그램 의식발달의 2, 3

---

35 Ken Wilber, 『모든 것의 역사』, 279-285.
36 Ken Wilber, 『모든 것의 역사』, 288-304.

수준과 유사하다고 볼 수 있다. 비록 본성과 분리된 괴리로 두려움을 느끼지만, 자신의 사유를 객관화시킬 수 있고 가설 설정과 추론이 가능하며, 자아가 합리적이고 반성적인 성찰이 가능하다는 점에서 건강한 사회적 관계를 형성할 수 있고, 진정한 자기를 인식할 수 있는 에니어그램 의식발달 2, 3의식발달 수준과 연결된다고 볼 수 있다.

6단계는 비전-논리vision-logic mind 단계이다. 윌버에 의하면 이 단계에서는 전체적으로 통합적인 자각 인식이 일어난다. 하지만 아직은 정신적 영역에 머물러 있는 상태이다.[38] 또한 이 단계의 중, 후반에는 보편적 통합주의로 나아가는 초이성적 발달이 이루어지는데 이때 탈동일시에 실패할 경우, 의미의 결핍이라는 실존의 어려움을 겪게 된다.[39] 다음 7단계는 혼적 수준psychic mind 단계이다. 혼적 수준 단계에서는 인지적 지각 역량이 개인적 조망과 관점을 넘어서 하나의 객체로 인식할 수 있게 된다. 지금까지 살펴본 단계들에서는 차별화, 탈동일시가 일어나지 못할 경우, 병리적 왜곡 현상이 나타난다. 그러나 7단계에서부터는 그렇지 않다. 윌버에 의하면 7단계에서는 마음으로부터 탈동일시가 이루어지면서 초이성적이 되거나 자아가 초월하게 된다.[40] 6단계, 7단계

37 Ken Wilber, 『모든 것의 역사』, 305-309.
38 Ken Wilber, 『모든 것의 역사』, 314-316.
39 황임란, "에니어그램의 발달 수준과 윌버의 의식 수준에 대한 연구", 91.
40 Ken Wilber, 『모든 것의 역사』, 331-335.

에서 언급되는 이와 같은 자아 초월성은 에니어그램 의식발달 1 수준에서 언급하는 해방 수준의 모습과 흡사하다는 것을 알 수 있다. 이상 에니어그램 전체 의식발달 수준은 윌버의 의식 수준 기본 구조의 7단계까지 연관성이 설명된다. 그러나 윌버는 여기서 멈추지 않고 더 나아가 영적인 수준까지 언급한다. 이후의 단계는 8단계부터 10단계까지 있다. 8단계는 정묘 수준subtle mind 단계이고,41 9단계는 궁극의 근원 수준인 원인casal mind 단계이며,42 마지막 10단계인 비이원ultimate mind 단계이다.43

한편 유의해야 할 것은 윌버의 의식발달에서 더 발전된 단계는 전 단계의 역량을 포함하고 있으나 발달적이거나 진화적인 연속선상에 있는 가치가 반드시 진보를 뜻하는 것은 아니라는 점이

---

41 이 단계에서는 초월과 통찰, 몰입이 일어나고, 원형과 내면의 빛과 소리 나아가 병리적 상태까지도 포함한다. 윌버가 말하는 원형의 의미는 융의 원형 의미와 차이가 있다. 융이 언급하는 원형은 인간 정신 내에 유전된 기본적인 집단 이미지나 형상을 말한다. 융의 원형은 윌버의 원형과는 다르게 전개인적, 개인적, 초개인적인 1-2-3 구조 단계에서 차별화와 통합에 실패했을 뿐만 아니라 원형 자체적으로 초월적이거나 순수한 영적인 인식의 근원이 아니라는 점에서도 다르다. 또한 융의 원형은 극복의 대상이지만 윌버의 원형은 포용의 대상이라고 본다는 점에서 차이를 가진다. Ken Wilber, 『모든 것의 역사』, 344-357.

42 윌버에 따르면 이 단계는 모든 이분법적 분열이 해소되는 되는 단계로 현시된 만물의 목표이자 근원이 된다. 이 단계에서는 모든 하위 구조의 원천과 근원을 만나게 되어 신과 혼을 모두 초월한 상태가 된다. 초월한 상태란 원인적 상태, 자재적 상태이면서 완전한 충만성을 가진다. 또한 이 상태는 완전한 충만성을 제외하고는 흔히 꿈이 없는 깊은 수면 상태와 같다고 본다. Ken Wilber, 『모든 것의 역사』, 360-372.

43 이 단계는 무형의 공이 현실의 현상 세계와 하나가 되는 통합된 단계이다. Ken Wilber, 『모든 것의 역사』, 372-381.

다.[44] 또한 그에 의하면 인간 의식발달의 성장은 사다리로 비유되고 있는데, 이때 '사다리를 오르는 자'를 '자기 체계'라고 본다.[45] 즉 자기 체계란 사다리를 오르는 개체의 의식을 의미한다. 또 사다리의 각 발판은 의식 수준 단계라는 분기점이 된다. 각 단계 분기점은 1-2-3 구조를 가진다. 여기서 1구조는 각 단계의 수준과 동일시하는 과정이고, 2구조는 그 수준을 넘는 탈동일시, 차별화혹은 초월의 과정을 말한다. 그리고 3구조는 상위적인 수준과 자신을 동일시하는 통합의 구조를 의미한다.[46] 다시 말해 각 분기점의 성장 과정은 상위 의식 구조를 객체로서 동일시하여 융합하는 과정을 지나 탈동일시 즉 차별화의 과정을 거쳐, 분화된 유기체로서의 통합 과정을 반복하며 이룬다.[47] 그리고 각 단계에서 융합이나 동일시에서 벗어나 통합하지 못하면 해리나 고착 같은 병리적 징후가 나타난다. 이러한 현상은 에니어그램의 건강하지 않은 의식발달 수준에서의 모습과 흡사함을 알 수 있다.

이와 같이 볼 때 윌버의 의식발달이론과 에니어그램 의식발달이론 사이에서 다음과 같은 유사성을 찾을 수 있다. 첫째, 두 이론모두 탈동일시를 통해 통합이라는 성장 과정을 가진다는 점이다. 에니어그램 의식발달의 과정은 자기와 성격의 동일시에서 벗어나

---

44 황임란, "에니어그램의 발달 수준과 윌버의 의식 수준에 대한 연구", 90.

45 Ken Wilber, 『모든 것의 역사』, 240-242.

46 Ken Wilber, 『켄 윌버의 통합비전』, 670.

47 Ken Wilber, 『모든 것의 역사』, 272-281.

탈동일시되는 정도에 따라 발달하고 통합이라는 성장의 과정에 이른다. 또한 윌버의 의식발달이론에서 성장은 의식 수준 단계인 1-2-3 구조를 통해 동일시와 탈동일시를 거쳐 분화된 유기체의 통합적 성장을 보여준다. 둘째, 두 이론의 수직적인 발달은 성장과 발달의 개념을 포함한다는 점이다. 윌버의 의식발달과 에니어그램의 의식발달 수준은 다음 단계로의 성장에 있어 이전 단계의 완성을 전제로 한다. 일대일의 대응에 무리가 있더라도 윌버의 의식발달에서 단계 분기점에 따른 1-2-3구조 안에서 탈동일시가 이루어지지 않으면 병리적인 현상이 나타난다는 사실과 에니어그램 의식발달 수준에서 자신과 성격 사이의 동일시로 인하여 에너지 균형을 잃을 경우, 건강하지 않은 의식발달 수준에 이르고 병리적 증상을 보인다는 점은 더 높은 단계가 발달적 개념을 포함한다는 것을 보여 준다. 셋째, 인간의 온전한 성장을 위해서는 수평적 의미와 수직적 의미의 통합이 이루어져야 한다는 점이다. 윌버는 비록 수평적 유형과 관련하여 구체적 유형type을 제시하지는 않았지만, AQAL 모델을 통해 수평적 발달과 더불어 수직적 의식 수준 단계의 중요성을 강조한다. 이것은 발달과 성장 과정에서 수평적 의미와 함께 수직적 의미가 통합되어야 진정한 통합과 성장이 이루어진다는 것을 뜻한다. 이와 마찬가지로 에니어그램에서 온전한 성장은 수평적 개념의 유형과 더불어 수직적 의식발달 수준과의 통합이 이루어져야 진정한 통합으로서의 성장을 이룰 수 있다.

이와 연관하여 의식발달에서는 '자아초월transpersonal'이라는 개념이 중요한 의미를 가진다. 일반적으로 '자아초월'이란 평균적인 개인의 성숙한 자아와 실존의식을 넘어선 것으로 개인의 정체성, 인류, 생명, 심혼 혹은 우주 전체를 포괄하는 개인적 혹은 개체적인 수준 너머로 확장되는 경험을 의미한다.[48] 에니어그램에서도 또한 '자아초월'이란 의식의 열린 확장을 뜻한다. 즉 에니어그램에서 의식의 확장이란 성격유형을 말하는 수평적 개념과 의식발달 수준을 나타내는 수직적 개념의 통합이라고 이해할 수 있고, 나아가 의식의 투명성, 순수성을 포함한 모든 면에서 초개인적인 의식 영역의 확대를 의미한다.[49]

다음 장에서는 수직적 발달 개념 안에서 건강하지 않은 의식발달 수준과 이상심리학異常心理學, abnormal psychology에서 언급하는 병리적인 증상과의 연관성에 관하여 살펴보도록 하자.

---

48 Ken Wilber, 『켄 윌버의 통합비전』, 125.
49 이은하 · 이양선, "자의식 현상과 에니어그램심리역동에 관한 상담 모델 연구", 「에니어그램심리역동연구」 1권 1호 (2014), 228.

IV. 에니어그램 의식발달 수준과 이상심리학

1. 에니어그램과 이상심리학

건강하지 않은 의식발달 수준에서는 병리적인 모습의 증상들을 보인다. 따라서 인간의 의식발달 수준이론과 이상심리학異常心理學, abnormal psychology과의 상관관계를 찾아볼 수 있다. 에니어그램 이론에 따르면 에너지의 통합과 균형을 이루지 못해서 의식발달 수준이 하강하게 될 경우 병리적인 증상들이 나타난다.

에니어그램은 여러 분야 예를 들어 사회학, 정신의학, 심리학 그리고 인간관계학까지도 다양하게 연관되어 있다. 특히 정신의학이나 심리학과의 연계와 상응된 여러 연구는 에니어그램이 매우 타당성이 있고 합리적 근거가 있다는 사실을 보여주고 있다. 또한 에니어그램의 유형과 정신의학적 장애와의 상호 연관성 연구는 광범위하게 진행되어 에니어그램의 지적 신뢰도를 높여준다. 이와 같은 연구는 대중에게 정신의학적 발견과 에니어그램의 건강하지 않은 의식발달 수준에서 나타나는 병리적 증상과의 연관성을 명확성을 전달해 줄 뿐만 아니라 에니어그램 성격유형이 결정론이라는 잘못된 정보를 교정해 주고 있다.[1]

성격유형론은 1970년경 아카조에 의해 정리되면서 널리 퍼지게 되었고, 1980년대에 와서 그의 제자이자 정신과 의사인 클라우디아 나란조Claudia Naranjo에 의해 정신질환 진단의 영역에서 말하는 병리적 증상과 관련된 연구를 통해 그 영역이 확장된다. 특히 나란조는 DSM-IIIDisgnostic and Statstical Manual of Mental Illness에서 언급한 진단 영역을 통해 에니어그램 성격유형별 성격장애와 신경장애에 관해 설명한다.2 나란조에 의하면 일반적으로 인간은 사회적 역할이나 기능을 수행하는 과정에서 자아 충격이나 압력 등과 같은 상처를 입게 되는데 이 과정에서 자아에게 가해지는 충격과 압력이 상승되어 자아조절기능에 실패할 경우에 병리적 증상이 나타나게 된다고 한다.3 따라서 그는 건강하지 않은 의식발달 수준에서 나타나는 자아 이상을 에니어그램 유형별 기능 장애로 표현하고 있다.4

또한 스탠포드대학에서 에니어그램을 연구한 리소는 에니어

---

1 Don Richard Riso & Russ Hudson, 『에니어그램 이해』, 378.
2 Claudio Naranjo/윤운성 옮김, 『에니어그램 사회』 (에니어그램교육연구소, 2012), 46.
3 프로이트에 따르면 자아(自我)란 '이드와 초자아 사이에서 이들의 요구와 비판을 조정하고 방어기제를 작동시켜 내적 평형을 유지시키는 기능'이다. 자아란 개체의 유지나 발전을 위해 외부현실과 상호작용하면서 사물을 인식, 반응, 학습, 기억하고 이를 인출하는 과정들을 주재하는 욕망을 가진 독립개체의 정신적 주체를 의미한다. 즉, 모든 정신 기능을 통합하고 관리하는 주체라고 할 수 있다. 송지영, 『정신증상』, 617.
4 여기서 '자아 이상'이란 스트레스 상황이나 사건 속에서 한 개인이 총체적으로 기능해야 할 통합적인 자아 기능의 어려움을 겪는 것으로 자아감 손상, 병리적 부분을 말한다.

그램을 DSM-IV와 연관지어 설명한다. 그에 따르면 에니어그램에서 나타나는 성격장애는 성격유형의 모든 의식발달 수준에서 나타나는 것이 아니고, 각 유형의 특정 수준에서 나타나게 된다.[5] 그런데 이러한 모습은 대부분 유연성이 낮아지고 적응력이 떨어지는 5수준부터 나타나기 시작하고, 가장 의식발달 수준이 건강하지 못한 9수준으로 향해 갈수록 병리적으로 된다. 성격장애의 특징적 모습은 내적 갈등이 증가하여 의식발달 수준이 하강할수록 심화되어 나타난 결과이다. 이렇게 건강하지 않은 의식발달 수준에서 나타나는 모습들은 내적 갈등 안에서 보이는 증상들이 왜곡되어 나타나는 것이다.[6]

그런데 이러한 성격장애 양상은 한 성격유형 안에서 한 개 이상의 모습을 보인다. 왜냐하면 각 성격유형마다 통합과 분열의 과정이 있고, 양쪽 날개 유형과도 연결되어 있어 여러 증상이 나타날 수 있기 때문이다. 다시 말해 개인이 비통합되었을 경우에 자신의 성격유형과 다른 성격유형의 특성을 나타내기도 한다. 인간의 의식발달 수준이 건강하지 않은 의식발달 수준으로 하강할 경우에 자신의 성격유형에서 나타나는 부적응적 모습뿐만 아니라 분열 방향과 사용 날개 유형에 따라 각기 다른 성격유형에서 보이는 부적응적 특성을 나타낸다.

에니어그램은 성격의 병리적인 정의에서부터 자기실현이라는

---

5 Don Richard Riso & Russ Hudson, 『에니어그램 이해』, 376.
6 윤운성, 『에니어그램: 이해와 적용』(학지사, 2003), 270-271.

고차원적이고 창조적인 기능에 이르기까지 다양한 인간 행동의 범위를 이해하고 표현하는 데 도움을 준다.[7] 따라서 성격유형과 성격장애가 연계된 다양한 상호 관계를 이해하는 것은 한 인간을 폭넓게 이해할 수 있게 한다. 뿐만 아니라 통합적인 인간으로 성숙을 향해 갈 수 있도록 돕는 영성지도의 방향의 근거를 제시해 주기도 한다. 에니어그램에서 성격장애 특성을 이해하는 것은 개인이 가지고 있는 한계를 치료하고 극복하는 데 더 정확하고 명료한 그리고 직접적인 도움을 줄 수 있다는 점에서 중요하다. 건강한 목회적 돌봄을 위해서는 개인에게 합당한, 적극적이고 전문적인 영성지도가 필요하다. 이를 위해서 에니어그램에서 나타나는 경직되고 부적응적인 특성이 악화되어 나타나는 신경증적 특성을 바로 이해하며 치료하는 것은 매우 중요한 영성지도의 방법이 된다.[8]

2. 유형별 성격장애

에니어그램의 건강하지 않은 의식발달 수준에서는 미국 정신의학협회 정신장애 진단 및 통계 편람(DSM)에서 설명되는 성격장애 모습이 나타난다. DSM은 인간의 의식이나 사고, 감정, 행동

---

7 이은하·이양선, "자의식 현상과 에니어그램심리역동에 관한 상담 모델 연구", 230.
8 Suzanne Buckley, 『영적 지도와 영적여정』 (은성, 2008), 131-132.

의 역기능적이고 병리적인 기능과 증상에 따른 판별 기준을 제시해주고 있다. DSM에서 말하는 다축적 진단체계는 인생의 특정 지점에서 발생하는 임상적 증후군뿐만 아니라, 개인의 지속적이고 부적응적인 사고방식이나 행동양식을 나타내는 성격장애를 알려준다. 특히 성격장애는 대부분 일생 동안 꾸준히 지속되고 개인적이고 상황적인 변인이라는 환경적인 요인 그리고 사회적 맥락들이 강력한 영향을 미치기 때문에 개인의 삶과 인간관계에 커다란 영향을 주고받으며 연결되어 있어 좀처럼 개선되거나 변화되기 어렵다. 이러한 성격장애의 모습들은 자신과 성격의 동일시가 클수록 에너지의 균형을 잃게 되어 의식발달 수준이 떨어지면서 확연하게 드러나게 된다.[9] 앞에서 언급했듯 성격장애 모습은 일반적으로 유연성이 낮아지고 적응력이 떨어지는 의식발달 5수준부터 나타나지만, 병리적 증상이 발현되는 의식발달 수준의 시점은 성격유형마다 다르게 나타난다.[10]

건강하지 않은 의식발달 수준에서 유형별로 나타나는 성격장애 모습은 다음과 같다. 1유형에서 에너지의 균형을 잃어 나타나는 장애의 주요 특징은 완벽주의와 강직함에 대한 광범위한 양상을 드러낸다는 것이다. 리소, 나란조, 윤운성, 고영순, 이은하에 따르면 1유형에서 나타나는 성격장애는 강박적 성격장애obsessive-compulsive personality disorder이다.[11]

---

9 고영순, 『페르소나의 진실』, 182-184.
10 이은하·이양선, "자의식 현상과 에니어그램심리역동에 관한 상담 모델 연구", 230.

1유형의 강박적 성격장애 모습은 6수준에서부터 나타나기 시작한다고 볼 수 있는데, 이때 이들의 모습은 완전을 집착적으로 추구하면서 독단적인 모습을 보인다는 특징을 가진다. 이들은 정서와 물질에서 매우 인색한 모습을 보이고, 진지하게 인간관계에 임하지만 대체로 전통적이고 형식적인 모습을 보인다. 또한 다른 이들에게는 일반적이지 않은 강한 통제 욕구를 보일 뿐만 아니라 흑백논리가 명확히 드러나는 분열적 모습을 보인다. 이들의 이러한 강박적 모습은 결국 자신에게 심리적으로 심한 억압을 가한다. 그리고 이러한 심각한 억압은 나아가 사실과 다른 극단적 왜곡을 가져온다.[12] 이들은 의식발달 수준이 9수준으로 낮아질수록 타인을 응징하는 복수자의 모습을 보일 뿐만 아니라 스스로의 강박관념과 자기모순에 빠져 자기를 위협한다.

2유형에서 나타나는 성격장애의 주요 특징은 과한 정서와 관

---

11 Don Richard Riso & Russ Hudson, 『에니어그램 이해』, 401; Claudio Naranjo, 『에니어그램 사회』, 46-47; 윤운성, 『에니어그램: 이해와 적용』, 285-286; 고영순, 『페르소나의 진실』, 185-187; 이은하. 이양선, "자의식 현상과 에니어그램심리역동에 관한 상담 모델 연구", 231. '강박성 성격장애' 모습은 완벽주의자와 비슷한 양상을 띠고 있다. 이는 '강박장애'(Obsessive-compulsive disorder. OCD)와 구별할 필요가 있다. 이 둘은 강박 성향을 띤다는 공통점을 가지나 증세는 다르다. '강박장애'는 사고나 행동에 강박 성향을 가져 본인이 불편감을 느끼거나 이상행동을 하는 반면 '강박성 성격장애'는 자신의 성격이 강박 성향, 즉 사소한 세부사항, 순서, 규칙, 형식이나 시간 계획들에 집착하는 특징을 지녀 주변인들을 힘들게 하는 특징을 보인다. '강박성 성격장애'는 융통성과 개방성, 효율성 등을 상실된 모습을 보이는 것이 특징이다. 민병배 · 이한주, 『순응 뒤에 감추어진 분노 강박성 성격장애』(이상심리학 시리즈 23; 학지사, 2003), 13-25.
12 Don Richard Riso & Russ Hudson, 『에니어그램 성격유형』, 445-450.

심 끌기가 삶의 전반에 나타난다는 점이다. 리소, 윤운성, 이은하에 따르면 2유형의 성격장애는 히스테리성 성격장애hysteric personality disorder라고 본다.[13] 이와 다르게 나란조와 고영순은 연극성 성격장애histrionic personality disorder로 본다.[14] 그러나 두 개의 성격장애에서 보이는 모습의 의미는 같다. 윤운성에 따르면 2유형의 히스테리성 성격장애 모습은 지나치게 우호적인 친구와 같은 모습과 과도한 관심과 동정을 이끌어내는 증상들을 보이는 4수준에서부터 시작한다.[15] 그러나 리소에 의하면 6수준에서야 신체화 증상이 나타나는 히스테리성 성격장애 모습이 시작된다고 본다.[16] 리소는 6수준에서 나타나는 극적이고 애매하며 과장된 모습을 포함하는 신경질적인 모습이 히스테리적 성향이 나타나는 시점이라고 본다. 예를 들어 이러한 모습은 마비나 시각 장애, 위장의 불편감

---

13 Don Richard Riso & Russ Hudson, 『에니어그램 이해』, 379-380; 윤운성, 『에니어그램: 이해와 적용』, 273-274; 이은하. 이양선, "자의식 현상과 에니어그램심리역동에 관한 상담 모델 연구", 231. '히스테리성 성격장애'와 '연극성 성격장애'(histrionic personality disorder)를 같은 의미로 사용되고 있다. DSM-IV에서는 '히스테리성 성격장애'로 표시되었으나 DSM-V에서는 이를 '연극성 성격장애'로 표기되었다. 이것의 특징은 외모나 행동과 정동 모든 것이 주변의 관심을 끌기 위해 과도하게 화려하거나 극적이고 외향적인 모습을 보인다는 것이다. 그러나 연극성 성경장애를 가지고 있는 사람은 대인관계가 성실하지 못하고 감정의 얇은 표면적인 모습을 보인다. 또한 피암시성이 높아 환경이나 타인의 영향을 많이 받는다. 이들의 주된 특징은 관심에 중심에 놓이지 못하면 주변을 비난하고 비판한다는 것이다. 민성길, 『최신정신의학』 (일조각, 2017), 603 참고.
14 Claudio Naranjo, 『에니어그램 사회』, 47; 고영순, 『페르소나의 진실』, 187-189.
15 윤운성, 『에니어그램: 이해와 적용』, 273.
16 박현경 · 권은시, "에니어그램과 정신 건강", 197.

을 호소하는 복통, 여성인 경우 생리통, 심리 정서적 문제를 동반하는 이유로 성적 무관심이나 심폐기관의 문제인 어지럼증과 같은 모습의 호소를 포함한다. 이들의 이러한 호소는 실제 고통을 동반한다. 이와 같은 2유형의 성격장애 증상은 7유형에서 보이는 성격장애의 모습과 흡사하고, 8유형의 성격장애 모습과도 상관관계가 있다. 특히 8유형과의 상관관계는 8유형이 2유형의 분열의 방향이기 때문에 숨은 동기나 유형의 함정을 찾지 않은 채 증상만을 가지고 판단하는 경우에는 혼동하기 쉽다.[17] 2유형의 히스테리성 성격장애 모습은 자신과 성격을 동일시하여 에너지의 균형을 잃을 때 급격히 증가한다.

3유형에서 나타나는 성격장애 모습의 특징은 본능, 감정 그리고 사고 전반에서 과장된 양식을 보인다는 점이다. 이들의 성격장애 모습은 학자마다 분분하다. 나란조에 따르면 3유형의 성격장애는 히스테리성 성격장애라고 본다.[18] 그는 3유형의 모습을 DSM에서 언급되는 히스테리성이라고 보기도 했고 서로 다른 역할을 의도적으로 받아들일 수 있는 능력을 가진 플라스틱과 유사한 성격을 가진다고도 보았다. 그러나 DSM-III에는 플라스틱과 같은 특징을 지닌 장애에 대한 설명이 없었기 때문에 그는 3유형의 성격장애 모습을 '마케팅 지향적 성격marketing orientation of personality'이라고 보는 것이 타당하다는 주장을 한다.[19] 반면 이은하는 3유

17 Don Richard Riso & Russ Hudson, 『에니어그램 이해』, 381.
18 Claudio Naranjo, 『에니어그램 사회』, 47-48.

형의 성격장애 모습을 DSM-IV의 진단체계와 상관없는 '성공 집착적인 워크홀릭workaholic'의 성격 타입으로 본다.[20] 또 다른 학자, 리소, 윤운성 그리고 고영순은 DSM 진단체계에 따랐는데, 이들에 의하면 3유형의 성격장애는 자기애성 성격장애narcissistic personality disorder라고 본다.[21] 리소에 의하면 이와 같은 모습은 매사 경쟁적이 되는 6수준에서 나타나기 시작한다. 이들이 6수준에서 보이는 자기애성 성격장애의 모습은 자기 자신에 대한 과장된 평가에 따른 특권 의식을 지닌다는 특징이 있다. 또한 타인을 착취하거나 오만한 행동을 하는 사회 부적응적 모습도 보인다. 이러한 3유형의 과장되고 웅대한 자기상, 타인의 평가에 대한 과도한 예민성 그리고 공감 결여로 인한 상호작용의 부족은 자기애적 성격장애의 특징을 나타낸다.[22]

4유형 성격장애의 특징은 자기의식에 따른 전반적인 사회적 불편감을 보이고 부정적 평가에 대한 공포와 자기 의심을 있다는 점이다. 리소, 윤운성 그리고 고영순에 따르면 4유형의 성격장

---

19 Claudio Naranjo, 『에니어그램 사회』, 48.

20 이은하·이양선, "자의식 현상과 에니어그램심리역동에 관한 상담 모델 연구", 231.

21 Don Richard Riso & Russ Hudson, 『에니어그램 이해』, 382-384; 윤운성, 『에니어 그램: 이해와 적용』, 274-275; 고영순, 『페르소나의 진실』, 189. '자기애성 성격장애의 핵심은 자신을 과도하게 중요하게 보고 자신의 성취에 대해 지속적이고 비현실적인 과대평가(overvaluation), 즉 과대성(grandiosity)을 가지는 것이다. 이로 인하여 특권의식을 지니고 타인에게 오만한 행동을 스스럼 없이 하거나 착취적이어서 사회적 부적응을 초래한다. 권석만, 『현대이상심리학』 (학지사, 2003), 325.

22 고영순, 『페르소나의 진실』, 189-190.

애는 회피성 성격장애avoidant personality disorder라고 한다.23 회피성 성격장애의 모습은 자기 몰두적이 되면서 상상의 세계 안으로 빠져들어가 현실과 거리감을 보인다는 특징이 있다. 이러한 모습은 4유형의 5수준에서부터 시작되는데 이때 이들은 타인이 자신을 이해하지 못한다고 생각해서 쉽게 상처받고 우울해하며 세상에 대해 회피적 자세를 취한다. 또한 이들은 사회적 억제와 부적절감, 부정적 평가에 대해 과민한 반응을 지니고, 타인에 대한 선망과 경계를 나타낸다.24 이러한 모습 때문에 나란조는 4유형을 가리켜 가장 충동적이고 극단적인 형태 중 하나인 경계선 성격장애border-line personality disorder라고 지칭한다.25 리소 또한 나란조와 같은 입장에서 4유형의 의식발달 수준이 7수준으로 하강하게 되면 경계성 성격장애 모습을 분명하게 보여준다고 말한다.

---

23 Don Richard Riso & Russ Hudson, 『에니어그램 이해』, 385-387; 윤운성, 『에니어그램: 이해와 적용』, 276-277; 고영순, 『페르조나의 진실』, 191. '회피성 성격장애'은 타인과의 만남으로 인한 두려움과 불안으로 인해 사회적 상황을 회피하는 것을 말한다. 역사적으로 '회피성 성격장애는' 과민성 성격, 쇠약형 성격, 공포증 성격, 소외형 성격 등으로도 불려 왔었다. 이들은 대인관계에 지나치게 민감하고 예민하며 타인의 거절과 비난에 대한 두려움을 가지고 있어 사회적인 상황을 회피한다는 특징을 가진다. '회피성 성격장애'는 타인의 반응에 영향을 많이 받으나 '분열성 성격장애'는 정서 자원이 결여되어 있기 때문에 타인의 영향을 거의 받지 않는다. 민병배·남기숙, 『기대고 싶을수록 두려움이 커진다. 의존성 성격장애와 회피성 성격장애』(학지사, 2002), 117-121.

24 고영순, 『페르조나의 진실』, 192.

25 '경계선 성격장애'의 모습은 충동적이고 기분 변화가 매우 심하고 주체할 수 없는 분노를 보이며 매우 불안정한 대인관계, 자기 파괴적 행동의 위협, 만성적인 인지적 왜곡, 버림받을 것에 대한 두려움과 같은 특성을 지닌다. Claudio Naranjo, 『에니어그램 사회』, 49.

건강하지 않은 의식발달 수준에서 보여주는 5유형의 성격장애의 특성은 이들의 생각과 행동이 기괴한 양상으로 나타난다는 데 있다. 이들의 모습은 분열적 생각과 의심이 사회적 상황에서 극단적인 불안감을 느끼는 것으로 표현된다. 또한 이들은 대인관계가 결핍된 모습을 보인다. 이러한 5유형의 모습을 리소, 나란조, 윤운성, 고영순 그리고 이은하는 분열성 성격장애schizoid personality disorder라고 본다.26 이들에 의하면 분열성 성격장애 모습은 7수준에서부터 두드러지기 시작하는데, 이들의 두드러진 특징은 타인으로부터 극명하게 고립되어 있다는 점이다. 이들이 가지고 있는 사고방식은 불명확하고 괴이하며 일상적이지 않다. 또한 망상적 사고와 관계가 있다.27 이들의 대인관계는 대부분 손상되어 있고, 극단적 사회 상황에서 극한 불안을 느끼면서 점점 더 은둔하고 고립된다는 특징이 있다. 건강하지 않은 의식발달 수준에 있는 5유형은 자신의 함정에 빠져 극단적으로 지식을 탐닉하면서 에너지의 균형을 잃고 점점 분열적인 모습을 드러낸다.28

---

26 Don Richard Riso & Russ Hudson, 『에니어그램 이해』, 387-389; Claudio Naranjo, 『에니어그램 사회』, 50; 윤운성, 『에니어그램: 이해와 적용』, 277; 고영순, 『페르소나의 진실』, 193-194; 이은하. 이양선, "자의식 현상과 에니어그램심리역동에 관한 상담 모델 연구", 231. '분열성 성격장애'는 타인에게 무관심하고 감정 자원에 결여되어 있어 감정 표현이 현저하게 부족하다. 이러한 이류로 이들은 주로 혼자 지내는 경향이 있다. 즉 이들의 핵심은 친밀한 관계형성에 관심이 없고 사회 적응력이 현저히 떨어진다는 특징을 가진다. 권석만, 『현대이상심리학』, 311-313.

27 윤운성, 『에니어그램: 이해와 적용』, 277-278.

28 Don Richard Riso & Russ Hudson, 『에니어그램 이해』, 388-389.

한편 6유형의 성격장애의 모습은 여러 가지가 있는데, 우선되는 특징은 사회와 직업적 상황에서 요구되는 과업 수행에 수동적 자세를 취하며 간접적으로 저항하는 모습을 보인다는 점이다. 6유형이 의식발달 수준이 떨어지게 되면 주어진 기능과 수준을 유지하거나 증진하라는 요구에 저항하는 모습을 보인다. 이러한 특징으로 리소와 윤운성은 6유형의 성격장애를 수동공격 성격장애 Passive-aggressive personality disorder라고 본다.[29] 이들에 따르면 6유형의 성격장애 모습은 6수준에 이르게 되면서 시작된다.[30] 이들은 6수준에서 타인의 도움을 거절하면서도 동시에 타인의 지원이 없어질지 모른다는 양가적인 두려움과 불안을 느낀다는 것과 이런 상태에서 두려움과 불안을 숨기기 위해 권위적인 모습으로 위장한다. 두 번째, 고영순은 6유형의 7수준에서 보이는 증상을 통해서 이들을 의존성 성격장애dependent personality disorder라고 본다.[31] 이들이 7수준에 이르게 되면 자기 비하나 열등감이 증가하면서, 타인

---

29 Don Richard Riso & Russ Hudson, 『에니어그램 이해』, 389-391; 윤운성, 『에니어그램: 이해와 적용』, 278-279. 수동공격 성격장애는 정신장애 진단 및 통계편람 3판(DSM-III-R)에서 축 2 성격장애에 포함되어 있다가 진단 기준에 대한 논란 및 후속 연구의 필요성으로 인하여 개정 4판(DSM-IV-TR)에서는 부록 B의 기준 세트 및 후속 연구를 위해 제공되는 축에 포함되었다. '거부성 성격장애'(Negative personality disorder)로도 표기되어 있다. DSM-IV에서는 수동공격장애를 과도하게 양가적이며 하나의 행동과 그 반대방향 사이에서 결정을 내리지 못하고 우유부단한 상태로 묘사한다. 국제질병사인분류 개정 10판(ICD-10)에서는 '기타 특정 성격장애: 달리 분류되지 않는 성격장애'에 포함되었다.

30 윤운성, 『에니어그램: 이해와 적용』, 179-180.

31 고영순, 『페르소나의 진실』, 193.

에게 지나치게 의존적인 모습을 보이게 된다. 세 번째 나란조, 이은하는 6유형을 편집증 성격장애paranoid personality disorder라고 본다.[32] 이들은 의식발달 8수준에 이르러서 공포와 불안으로 인해 왜곡과 과잉 행동을 보이며 공격성을 나타낸다는 특징을 보인다. 다시 말해 6유형은 5수준에서 수동공격성 성격장애 모습을, 7수준에서는 의존성 성격장애 그리고 8수준에서는 편집증 성격장애 모습을 보인다. 이처럼 6유형은 건강하지 않은 의식발달 수준에 머물러 있을 때 여러 복합적인 성격장애 모습이 나타난다.

7유형의 성격장애의 특성은 2유형에서 언급한 히스테리성 성격장애 모습과 유사하다. 건강하지 않은 의식발달 수준에서 7유형은 과도한 감정과 관심을 끄는 모습이 삶 전반에 드러난다.[33] 그래서 리소, 윤운성 그리고 고영순은 7유형의 성격장애를 히스테리성 성격장애라고 본다.[34] 이들은 2유형에서 나타나는 히스테

---

32 Claudio Naranjo, 『에니어그램 사회』, 52; 이은하. 이양선, "자의식 현상과 에니어그램심리역동에 관한 상담 모델 연구", 231. '편집증 성격장애'의 특징은 사람을 믿지 못해 의존하는 것을 극도로 싫어한다는 것이다. 이들은 애착불안이라는 특징적인 저항 기저를 가지고 있는데, 이는 밀접한 정서적 유대로 말미암아 자신의 통제력과 자율성을 상실할지도 모른다는 두려움 때문이다. 즉 이들은 타인에 대한 강의 의심과 불신으로 적대적인 태도를 가지고 있어 사회 부적응적 태도를 보인다. 또한 인지적 의심과 망상이 있다. 이들은 자신의 지각, 사고 그리고 기억을 선택적으로 지각하고 추론하며 각색한다. 타인에게 적대적인 이들은 방어적 경계와 감추어진 적대감을 항상 준비하고 있다. 이훈진, 이명원, 『열등감과 불신의 그림자 편집성 성격장애』 (학지사, 2002), 41-45.
33 Don Richard Riso & Russ Hudson, 『에니어그램 이해』, 392.
34 Don Richard Riso & Russ Hudson, 『에니어그램 이해』, 391-393; 윤운성, 『에니어그램: 이해와 적용』, 280-282; 고영순, 『페르소나의 진실』, 196-197.

릭한 모습보다 감정적으로 표현이 빠르고 얇으며 덜 진지하다는 특징이 있다. 또 작은 일에서까지 지극히 자기중심적인 모습을 보이며 욕구 지연을 견디지 못한다. 이러한 모습 때문에 나란조, 이은하는 7유형에서 나타나는 성격장애를 '자아도취적 자기애성 장애'로 보기도 한다.[35] 2유형과 7유형의 성격장애 모습의 구체적 차이를 보면, 2유형은 의식발달 수준이 떨어질 때 신체화 증상을 보인다. 하지만 7유형은 자신의 욕구가 좌절된 후 의식발달 수준이 떨어질 때면 조증의 모습을 보인다는 점이다. 이러한 모습은 7유형의 8수준에서 나타나는 증상과 유사한데 이것은 팽창된 자존감, 과대망상, 수면 욕구 감소, 사고 비약, 주의 산만, 흥분 등과 같은 모습이다.[36] 이러한 특징은 에니어그램의 기본 에너지 균형이 깨져 의식발달 수준이 낮아질 때 증가한다.

8유형의 성격장애의 특징은 무책임 속에서 나타나는 반사회적인 행동 양식을 보인다는 점이다. 그래서 대부분의 학자는 8유형의 성격장애를 반사회적 성격장애antisocial personality disorder로 본다.[37] 반사회적 성격장애 모습은 건강하지 않은 의식 수준 첫 시작

---

35 Claudio Naranjo, 『에니어그램 사회』, 52; 이은하·이양선, "자의식 현상과 에니어그램심리역동에 관한 상담 모델 연구", 233.

36 윤운성, 『에니어그램: 이해와 적용』, 280-282.

37 Claudio Naranjo, 『에니어그램 사회』, 53. '반사회적 성격장애'는 사회의 규칙, 규범, 법을 지키지 않고 무책임하고 폭력적인 행동을 반복적으로 한다는 특징과 대담성과 공격성, 감각 추구에 따른 충동성이 크게 두드러진다는 특징을 가진다. 신희천·신은향, 『공격적이고 폭력적인 그들 반사회적 성격장애』(학지사, 2000), 48-55.

인 7수준에서 시작된다. 건강하지 않은 의식 수준에서 8유형은 비정한 무법자와 같아서 자신에게 위협이 된다고 생각하는 모든 것과 맞설 준비가 되어있을 뿐 아니라, 실제로 맞서며 무자비하고 잔인해진다. 또한 이들은 자신이 통제당할 수 있다는 두려움에 빠지게 되면서 사회적으로 수용되는 경계를 망설임 없이 넘고, 타인이 보여주는 선의를 받아들이지 못하고 의심하는 모습을 보인다. 8유형의 의식발달 수준이 7수준 이하로 떨어지게 되면 자신의 원하는 바를 위해 아무런 제약과 죄의식 없이 폭력을 사용하는 극단적인 반사회적 모습을 나타낸다. 그래서 사회 규범이나 규칙을 지키지 않고 무책임하고 폭력적인 행동을 반복적으로 보임으로써 사회 부적응 양상을 초래한다는 특징을 가진다.[38] 이들은 다른 성격유형에 비해 상대적으로 에너지가 크기 때문에, 이들이 지닌 폭력성이 발현될 때 타인이 느끼는 위협은 매우 크다.[39]

9유형의 성격장애의 특징은 분리되는 것에 대한 불안이 있다는 점이다. 그래서 이들은 어딘가에 종속되기를 원한다. 이러한 특징으로 인해 이들에게는 의존적인 성격이 많다. 따라서 나란조, 리소, 윤운성, 고영순 그리고 이은하는 이들은 의존성 성격장애 dependent personality disorder라고 본다.[40] 리소에 의하면 이러한 모습은

---

38 고영순, 『페르소나의 진실』, 198.

39 Don Richard Riso & Russ Hudson, 『에니어그램 성격유형』, 367-369.

40 Claudio Naranjo, 『에니어그램 사회』, 54; Don Richard Riso & Russ Hudson, 『에니어그램 이해』, 397-399; 윤운성, 『에니어그램: 이해와 적용』, 283-285; 고영순, 『페르소나의 진실』, 199-201; 이은하·이양선, "자의식 현상과 에니어그램심리

일반적으로 6수준에서부터 시작되는데 이 수준에서의 의존성 성격장애 모습의 특징은 타인의 이야기를 듣지 않고선 행동할 수 없게 된다는 점이다.[41] 또한 9유형은 의식발달 수준이 더욱 하강하게 될 때 점점 더 수동공격적 모습과 분열적 모습을 보인다. 이때 이들은 주변을 살핀다거나 타인을 보지 못해 사회 적응에 상당한 어려움을 겪게 된다.[42] 이러한 모습은 9유형이 에너지의 불균형으로 의식발달 수준이 낮아지면서 나타나는 증상들이다.

에니어그램 성격장애의 모습은 건강하지 않은 의식발달 수준에 이르렀을 때 극명하게 나타난다.

종합하자면 에니어그램 유형별 의식발달 수준은 자신과 성격과의 탈동일시를 통하여 기본 에너치의 균형을 이루어갈 때 상승하지만, 반대로 자신과 성격을 동일시할수록 기본 세 가지의 에너지 균형이 깨지고 하강하게 되는데, 유형마다 다른 성격장애 모습으로 나타난다. 개인의 의식발달 수준이 DSM에서 설명되는 병리적 요인들이 나타나는 건강하지 않은 수준에 머물러 있을 경우에

역동에 관한 상담 모델 연구", 231. '의존성 성격장애'에서는 타인에 대한 의존과 복종 행동이 전반적으로 나타난다. '의존성 성격장애'를 가진 이들은 돌봄 받는 것에 대한 지나친 욕구가 있어 타인에게 지나치게 복종하거나 의존적으로 지시를 받으려고 하고 이를 재확인하려 드는 모습을 보인다. 즉 타인의 충고와 확인이 없이는 결정 내리기를 어려워한다. 이러한 모습은 자신의 능력이 없어서가 아니라 자신 확신의 결여로 인한 것이다. 민성길, 『최신정신의학』 (서울: 일조각, 2015), 608.

41 Don Richard Riso & Russ Hudson, 『에니어그램 이해』, 368.

42 고영순, 『페르소나의 진실』, 200.

는 개인적인 노력과 훈련만으로 이를 극복하기 힘들다. 다시 말해 자신의 노력만으로 자기와 성격과의 탈동일시를 이루기 힘들다.[43] 따라서 이러한 병리적인 수준에서는 전문적이고 적극적인 치료적 돌봄이 필요하다. 이러한 사실은 의식발달 수준에 따른 목회적 돌봄의 다양하고 전문적인 방향성을 제시해 준다. 목회적 돌봄이란 인간의 삶 전반에 관해 치유, 지탱, 인도, 화해 등을 포함하는 다양한 목회적 관점과 접근으로의 모든 목회활동을 말한다. 이와 같은 의미로 볼 때, 목회적 돌봄의 관점에서 인간은 자신의 삶의 변화를 추구하고 자기 초월로 나아가 온전한 본성을 찾기 위해서 의식발달 수준에 따른 영성지도가 필요하다.

---

43 Suzanne Buckley, 『영적 지도와 영적 여정』, 131-132.

제3부

에니어그램 의식발달
수준에 따른 영성지도

I. 영성과 영성지도의 의미

본 장에서는 영성지도의 필요성에 관하여 구체적으로 살펴보기 위해 전반적인 영성의 이해를 살펴보고자 한다. 특히 일반적인 영성, 기독교 영성, 에니어그램의 영성 및 영성지도에 관하여 살펴보면서 에니어그램를 통한 영성지도가 어떻게 이루어지는지 관하여 살펴보도록 한다.

1. 에니어그램과 영성

영성의 개념은 매우 포괄적이고 모호하다. 그래서 필자는 일반적인 영성의 의미와 그중에서도 특별히 기독교적 영성, 나아가 에니어그램의 영성 및 영성지도에 관하여 다루고자 한다.

일반적으로 영성이란 이상적인 가치와 정신을 수용하고 이를 자기 생각과 행동의 지표로 삼아 삶 속에서 실천하는 모든 것이다.[1] 또한 인간이 당대 가장 이상적으로 여기는 최고의 가치와 덕인 궁극적 실재를 추구하고 받아들임으로써 자신을 성찰하는 전 과정이다.[2] 나아가 자기 성찰을 바탕으로 궁극적 실재의 가르침

---

1 오성춘, 『영성과 목회』 (장로회신학대학교 출판부, 1990), 42.

에 따른 삶을 영위하는 것을 포함한다. 또 다른 측면에서 영성이란 초월적 존재와 인간과의 관계를 의미한다.3 즉 영성의 중요한 본질은 초월적 존재와의 관계성을 파악하는 것이다. 또한 샌드라 슈나이더스Sandra Schneiders에 따르면 보편적 영성이란 "자신이 인식하게 된 궁극적 가치를 지향하는, 자기 초월을 통한 삶의 통합 프로젝트에, 의식적으로 참여할 때 일어나는 경험"4이라고 한다. 이처럼 샌드라 슈나이더스는 개인의 경험을 바탕으로 하는 자기 초월에 집중한다.

이와 같은 초월적 존재와의 관계는 자신에 대한 새로운 자각을 기반으로 한다. 리차드 우드Richard Wood는 영성에서 자기 초월성의 중요성을 다음과 같이 이야기한다.

영성은 모든 인간 존재의 자아 초월적 특성이다. 여기서 가장 중요한 것은 영성이 무한하게 팽창할 수 있는 특징을 지니고 있다는 것이다. 영성은 이 모든 삶 안에서 실현될 수 있는 방법을 포함할 뿐 아니라 그것에 속하는 모든 것을 의미한다.5

---

2 유재경, "왜 이 시대에 기독교 영성인가?", 「신학과 목회」 35 (2011), 248.
3 U.T Holmes/김외식 옮김, 『목회와 영성』 (대한기독교서회, 1988), 28-38.
4 Sandra Schneiders, "Theology and Spirituality: Strangers, Rivals, or Partners," *Horzons* 13/2 (1986), 266
5 Richard Wood, *Christian Spirituality: God's presence through the ages* (Allen, TX: Christian Classics, 1996), 9.

인간은 초월적 존재와의 관계를 통해 자기 초월을 이루어 개인과 공동체에서 지금까지 보여준 삶의 관계 양식과는 다른 새로운 관계를 형성하게 된다.[6] 초월적 존재를 통한 자기 자신과의 만남은 한 개인 안에서만 이루어지는 것이 아니라, 그가 속한 공동체와 사회로까지 확장된다. 나아가 경험을 통해 자기 자신과의 만남을 통해 새로 발견된 자기는 공동체 안에서 이전과는 다른 방식으로 그 구성원들과의 관계 맺음을 통해 새로운 공동체적 삶을 형성하게 된다.

이와 연관해서 기독교 영성은 절대자에 대한 인간의 반응이고, 궁극적 존재를 향한 지향성이며 초월적 존재와의 인격적인 관계를 맺어가는 과정이다. 이러한 관계를 기반으로 자신과 이웃, 이웃과 자연 즉 이웃과 피조물의 관계로 확장된다. 이것이 자기 초월이고, 기독교 영성의 궁극적인 지향점이 된다.[7] 따라서 기독교 영성은 형이상학적이고 추상적인 것에만 국한되어 있는 것이 아니라, 삶에서 구체적으로 겪는 경험과 그 가운데 실현되는 실천이 포함된다.

기독교 영성에서 자기 초월은 절대적 가치로서의 하나님을 경험하는 것과 관련되어 있다. 여기서 절대적 가치는 성부, 성자, 성

---

6 정용구, "기독교 영성과 에니어그램의 상관성 연구", 「에니어그램심리역동연구」 1/1 (2014), 201.

7 William A. Barry · William J. Connolly/김창재 · 김선숙 옮김, 『영적 지도의 실제』 (분도, 1995), 34.

령 삼위일체 하나님을 말한다. 또한 자기 초월은 성자 예수를 따라 살아간다는 절대적 가치의 지향을 나타내고, 성령의 도우심으로 개인의 삶 속에서 이를 자각할 수 있게 된다는 것이다.[8] 이렇게 개인의 체화된 경험으로서의 기독교 영성은 개인의 삶과 분명히 분리될 수 없다. 예를 들어 개인이 성부 하나님을 경험하는 좋은 예는 그분의 피조 세계인 자연 속에서 절대자의 능력과 위엄을 체험하는 영적 경험을 할 수 있다는 것이다. 자연을 묵상하면서 영적인 경험을 하는 방법은 기독교 영성사에서 특히 아씨시 프란체스코Francis of Assisi와 아일랜드의 켈트 영성Celtic spirituality에서 이미 잘 나타나 있다.[9]

또한 예수를 따르는 삶을 통해서는 성자 예수의 성육신이라는 절대자의 겸손과 그분이 인간의 전 존재와 일상적 삶을 소중히 여긴다는 사실을 깨닫게 된다. 따라서 예수의 일생을 관상하고 그 과정에서 그리스도를 더 깊이 사랑하며 갈망하고자 하는 목적을 가지고 예수의 삶을 묵상하는 방법은 좋은 영적 경험의 방법이 된다. 마지막으로 성령을 통해서 하나님을 아는 지식을 갖게 되고 더불어 나를 알아가게 될 뿐만 아니라 하나님과의 합일과 공동체와의 연합을 이룰 수 있게 된다.[10]

---

8 이강학, "기독교 영성학 방법론과 그 적용: 샌드라 슈나이더즈와 GTU의기독교 영성 박사과정의 경우",「한국기독교신학논총」102 (2016), 223.

9 이강학, "기독교 영성학 방법론과 그 적용: 샌드라 슈나이더즈와 GTU의기독교 영성 박사과정의 경우", 223-224.

10 이강학, "기독교 영성학 방법론과 그 적용: 샌드라 슈나이더즈와 GTU의기독교

이렇게 볼 때 기독교 영성에서 나타내는 절대적 가치를 믿는 믿음은 하나이지만 영적인 경험의 초점을 어디에 두느냐에 따라 다양한 영성 훈련의 방법이 전개될 수 있음을 알 수 있다. 이와 같은 다양한 영성 훈련은 궁극적 존재를 지향하고 있음으로 인간의 경험 속에서 균형과 통합을 이루어 절대자를 만날 수 있게 한다는 것을 짐작할 수 있게 한다.

인간의 정체성을 찾아가는 자기 이해는 알아차림에서 시작한다.[11] 인간은 성격이라는 표면적인 틀을 사용할 수밖에 없는 존재이다. 그러나 인간은 자신의 성격 자체가 참된 자기가 아니라는 사실을 자각할 때, 성격과 자신을 동일시하는 고착에서 벗어나 온전한 '나'를 만나는 길에 들어설 수 있게 되고, 타인 이해와 수용을 포함하는 내적 성숙으로 확장할 수 있게 된다.[12] 그러므로 자기 초월을 한다는 것은 자신의 본성을 잊고 사는 인간이 자신의 성격적 특징을 알아차리고, 그 성격 안에서 자동적 패턴 속에 갇혀 있는 자신의 모습과 대면하며 나아가 자신의 한계를 인정함으로 타인을 수용할 수 있는 내적 성숙으로 관계가 확장되는 것이다.

이러한 자기 초월을 지향하는 영성적 관점에서 볼 때, 에니어그램의 영성 또한 자기 초월을 지향한다. 리소에 의하면 인간은

영성 박사과정의 경우", 224.

11 Don Richard Riso & Russ Hudson, 『에니어그램의 이해』, 368-370.

12 백형기, "통전적 목회를 위한 에니어그램 영성수련 적용 연구" (실천신학박사; 한신대학교, 2011), 25-26.

본래 빛의 존재이지만 물질세계에서 존재하기 위해 육체를 입고 태어난 영적spiritual인 존재이다. 빛의 존재인 인간이 육체에 입고 있는 껍질이 바로 에니어그램이 말하는 성격personality이다.13 인간은 성격이라는 껍질이 자신의 참된 본성을 가리고 있을 때 진정한 자기를 만나기 어렵다. 에니어그램에 따르면 인간은 자신과 성격과의 동일시에서 벗어날 때 진정한 본성에 다가간다. 다시 말해 인간은 본능, 감정 그리고 사고 에너지가 균형을 이루며 충분히 제 기능할 때, 습관에 매여 있는 자신의 성격을 이해하게 되고 비로소 자기 이해도 가능해진다. 또한 자신 안에 모든 성격유형이 포함되어 있다는 사실을 인식할 때, 편중되거나 고착되지 않은 진정한 자기 이해를 이룰 수 있을 뿐 아니라 타인을 이해하고 수용할 수 있는 자기 초월까지 확장해 나아갈 수 있게 된다. 다시 말해 에니어그램의 영성은 자신의 성격을 이해하고 성격 구조와 자신을 동일시하는 것을 멈춤으로 본래의 빛을 찾고 나아가 타인을 이해하고 수용할 수 있는 초월로 확대된다.

이러한 관점에서 기독교 영성과 에니어그램 영성은 '자기 초월'이라는 중요한 특징을 공유한다. 위에서 이미 언급한 것과 같이 에니어그램의 영성은 자기 초월을 중요하게 다룬다. 에니어그램에서 자기 초월은 자신의 성격 너머에 있는 진정한 자기를 만나고 나아가 타인 이해와 수용을 포함하는 내적 성숙을 말한다. 기독교

---

13 Don Richard Riso & Russ Hudson, 『에니어그램의 지혜』, 11-16.

영성 또한 개인 안에 머물러 있지 않고 개인의 삶의 경험 속에서 피조물과의 관계 즉 타인과 세상 나아가 우주와의 관계 회복으로 까지 확장되는 자기 초월을 포함한다. 기독교 영성에서 자기 초월 이란 궁극적 존재와의 관계가 자기 이해에만 머물러 있는 것이 아 니라 타인에 대한 이해와 수용, 나아가 신앙공동체의 진정한 유익 으로 확장될 때 참된 진정성이 드러나게 된다.[14] 또한 에니어그램 영성은 자기 이해를 바탕으로 한 자기 초월을 말하는데 이것은 개 인의 삶 속에서 자기 성격유형을 찾고 다른 성격유형의 특징을 포 함하며 균형을 이루어 확장해가는 것이다. 이와 마찬가지로 기독 교 영성은 절대자와의 관계와 예수를 따르는 실천적 삶을 중요하 게 여긴다. 기독교적 영성에 있어서 인간은 그리스도를 따라 살아 가는 존재로 그리스도와의 만남을 통해 자기 초월을 지향한다. 그 리스도를 따라 사는 인간의 실질적이고 실천적인 삶이야말로 인 간 안에 내재된 궁극적 존재를 확인하는 길이다. 인간은 개인 체 험을 통해 자기 초월이 가능해진다.[15] 다시 말해 내적 초월성은 개인 삶 속의 체험을 인식함으로 드러난다. 윌리암 베리Willian A. Barry에 따르면 인간은 '자신의 지식과 사랑 안에서 자기 초월을 향 하는 기본 역동을 지닌 존재'이다.[16] 따라서 참된 영성은 계시된 신에 대한 인식 위에서 자신에 대한 새로운 자각을 기반으로 하여

---

14 정용구, "기독교 영성과 에니어그램의 상관성 연구", 202.

15 William A. Barry · William J. Connolly, 『영적 지도의 실제』, 29-32.

16 William A. Barry · William J. Connolly, 『영적 지도의 실제』, 33.

궁극적 존재와 새로운 관계를 맺어가는 과정이다. [17]

그러므로 진정한 영성 혹은 영적인 삶이란 개인의 구체적인 삶이나 사회적 상황과 분리되지 말아야 한다. 영적인 삶을 추구하는 사람은 종교적 교리에 국한되어 세상의 문제를 외면하거나 세상과 동떨어진 삶을 살지 않는다. 또한 이들이 참된 영적 삶을 산다는 것은 신적 존재의 부르심에 응답하는 것이라 할 수 있다. 따라서 궁극적 존재와의 참된 관계와 건강한 영적 삶을 위하여 영성지도는 필요하다.

2. 에니어그램과 영성지도

영성지도란 초월적 존재와의 인격적인 관계를 맺고자 하는 사람이 다른 사람을 만나 초월적 존재를 인식하고 그의 뜻에 따라 살아갈 수 있도록 대화하고 기도하는 과정이다.[18] 영성지도에서는 절대적 존재와의 인격적인 관계를 맺고자 하는 지향을 가지고 영성지도에 임하는 사람을 '피지도자'라고 부르고, 이를 돕는 사람을 '영성지도자'라고 부른다. 다시 말해 영성지도는 영성지도자가 피지도자가 자기 초월로 나아갈 수 있도록 돕는 과정이라고 할 수 있다. 베리는 영성지도를 절대자가 자기 뜻을 전달하는 것에 귀기울일 수 있도록 돕는 것이라고 정의하는데, 이때 영성지도란 초

---

17 유재경, "왜 이 시대에 기독교 영성인가?", 11.
18 David G. Benner/노종문 옮김, 『거룩한 사귐에 눈뜨다』(IVP, 2007), 122.

월적 존재에게로 응답하는 과정을 통해 깊이 있게 친교 하는 것에 일차적 목적을 둔다. 이러한 삶은 교회 공동체를 비롯한 타인과의 관계에 긍정적인 영향을 미친다.[19] 또한 엘리자베스 리버트 Elizabeth. Liebert도 이와 유사한 주장을 하는데, 그녀에 따르면 영성지도 과정은 교회 공동체 안에서 절대자의 주권을 인정하는 것이다. 그리고 절대자에게 집중하여 그의 역사를 보고 듣고, 반응하며 고백하고 이를 기념하며 삶에서 그의 가치대로 행동하는 것을 의미한다고 본다.[20] 이렇게 영성지도란 인간 삶의 전 과정과 무관할 수 없다.

한편 영성지도에서 '지도'라는 단어는 수직적이거나 지시적인 용어가 아니다. 영성지도자는 절대적 존재에게 피지도자와 동일하게 성실히 반응해야 하는 존재이고, 함께 그리스도의 삶을 살아가는 영적 동반자이다.[21] 따라서 '지도'라는 단어는 초월적 존재를 향한 지향성을 나타낸다. 그리고 신과 인간의 관계 자체에 초점을 둔다. 그러므로 영성지도의 중요한 목적은 개인이 의식적으로 초월적 존재와 친밀한 관계를 맺고, 그 관계가 삶에서 영향력 있게 구현되도록 하는 데 있다. 영성지도를 통해 인간은 신과의 관계에서 자신의 내면 의식과 영적 성숙을 기대하며 타인과 사회에 대해 책임 있게 사고하고 행동할 수 있게 된다.[22] 이러한 의미에서 영성

---

19 William A. Barry · William J. Connolly, 『영적 지도의 실제』, 20.
20 Elizabeth Liebert/최상미 옮김, 『영성지도와 성인발달론』 (SoHP, 2015), 32-34.
21 Elizabeth Liebert, 『영성지도와 성인발달론』, 34-40.

지도 안에 포함된 내면의 지향성이나 자기 통찰, 인격적 통합의 정도는 인간이 초월적 존재와 관계 맺는 방식, 태도, 깊이에 영향을 미친다. 그리고 초월적 존재와의 관계에서 자신이 누구인지 탐색하고 이해하며 나아가 타인과의 관계도 통찰하며 내면 확장을 할 수 있다. 이를 위해 인간은 무엇보다도 초월자 안에서 자기 자신을 발견하는 것이 무엇보다 중요하다. 그리고 이 과정에서 에니어그램은 자기를 이해하고 발견하는 데 훌륭한 도구가 된다.

영성지도에 있어서 절대적 가치를 향해 나아가는 길은 영적인 경험의 초점에 따라 다양한 영성 훈련 방법들이 있다. 예를 들어 자연 묵상theoria physike은 창조자의 피조 세계를 바라보고 창조의 섭리와 위엄을 느낌으로 그분을 만날 수 있는 영성 훈련 방법이다. 자연 묵상은 예수가 그랬듯이 예수의 눈으로 하늘의 새와 들의 꽃과 같은 창조 세계를 바라보는 것이다.[23] 예수는 자연에게 배우고 자연 안에서 하나님 나라를 경험했다. 이와 같이 자연 묵상 중 하나는 걷는 기도가 되고 이 기도 훈련은 몸을 이용하는 기도가 된다. 몸을 이용한 또 다른 영성 훈련 방법은 성경 본문을 읽고 내용의 일부를 몸으로 조각해 보는 기도 훈련 방법[24] 그리고 일상 안에서 음식을 섭취하는 과정을 느끼고 인식하는 것도 하나님의 현존을 알아차리고 자신을 알아가는 좋은 영성 훈련이 방법이 된다.[25]

---

22 유해룡, 『기도체험과 영적 지도』(장로회신학대학교 출판부, 2009), 30.

23 최광선, "자연묵상", 『오늘부터 시작하는 영성 훈련』(두란노, 2019), 145-162.

24 Daniel Wolpert/엄성옥 옮김, 『기독교 전통과 영성기도』(은성, 2005), 158-172.

또한 로욜라의 이냐시오Ignatius of Loyola는 "이냐시오 묵상"이라는 영성 훈련의 방법을 알려 준다.[26] 이것은 예수 그리스도의 일생을 묵상하며 더 깊이 그를 사랑하며 가까이 가고자 하는 마음으로 상상과 이미지를 사용하면서 할 수 있는 영성 훈련이다.

의식 성찰[27]이나 렉시오 디비나Lectio Divina는 사고와 이성을 이용하고, 철학적 논증을 이용한 영성 훈련 방법이다. 의식 성찰은 오랜 전통을 가진 고전적인 영성 훈련 방법으로 2-5세기 사막 수도사들, 즉 초기 사막 교부들에 의해서 이루어진 영성 훈련으로 의식적으로 하나님께 주목하고 자신을 주의 깊게 살피는 것이다.[28] 렉시오 디비나는 '필요한 것을 선택하다', '눈으로 모아들이다'라는 라틴어 렉시오와 '거룩하다'라는 의미를 지닌 디비나가 함께 한 것이다.[29] 이것은 초기 기독교 전통 이전의 유대 전통에서부터 시작된 것이지만 렉시오 디비나라는 정확한 라틴어 표현은 베네딕투스Benedictus(c. 480-c.547)의 수도 규칙에서 처음 사용되었다. 기본적으로 렉시오 디비나는 이성을 바탕으로 하며 하나님께 나아가기 위해 읽기lectio, 묵상meditatio, 기도oratio, 관상contemplatio의 네

---

25 Anselm Gruen/김선태 옮김, 『내.삶을 가꾸는 50가지 방법』(바로오딸, 2011), 42-46.

26 이냐시오 묵상 방법은 평범한 의식발달 수준 중 공격 유형의 영성지도에서 자세하게 다룬다.

27 의식 성찰은 성찰 기도로 표현되기도 하나 여기서는 의식 성찰이라고 한다.

28 김경은, "자연묵상", 『오늘부터 시작하는 영성 훈련』, 163-171.

29 렉시오 디비나(Lectio Divina)는 영적 독서, 거룩한 독서, 신적 독서, 성독 등으로 번역된다. 여기서는 번역하지 않고 원어 그대로 렉시오 디비나라고 쓴다.

단계가 있는 영성 훈련이다.[30] 렉시오 디비나는 사고나 시각에 집중한 영성 훈련이라 할 수 있다. 이와 같은 영성 훈련 방법에는 십자가나 촛불을 활용한 기도 훈련 방법도 있다. 이러한 영성 훈련들은 영성지도의 좋은 자원이 된다.

역사적으로 볼 때 기독교 역사에서 정규적 영성지도는 3-4세기부터 시작되었고 5세기까지는 성직자, 수도자에 의해서만 주로 사용되었다. 또한 영성지도는 역사적으로 개인의 신앙 체험 즉 삶의 경험에 초점을 맞추어 왔다. 예를 들어 사도들은 예수와의 만남, 즉 개인적인 체험을 통해 그를 경험하고 관찰했으며 신뢰했다. 이것은 영성지도에서 개인의 체험과 경험을 강조한다는 사실을 알려준다. 영성지도에서 개인의 삶과 체험을 강조했다는 점은 중세에서도 드러난다.[31] 중세 말에 이르러 하나님에 대한 이성적 지식을 강조하는 측과 하나님에 대한 사랑의 체험을 강조하는 측 사이의 갈등이 있었다. 그러나 성인 이냐시오 로욜라Ignatius de Loyola가 개인의 체험을 중요하게 다루었던 것을 통해 개인의 체험의 중요성이 다시 강조된다.[32] 영성지도에 있어서 개인의 체험은 초월적 존재와의 관계를 발전시켜 가는 데 중요한 재료가 된다. 이렇

---

30 지금의 렉시오 디비나는 베네딕트회의 카르투지오(Carthusian) 수도회 수도원장인 귀고 2세에 의해 체계화 되었다. 그는 저서 『수도승의 사다리』에서 읽기, 묵상, 기도, 관상의 네 단계는 순차적으로 진행되기도 하지만 동시다발적으로 진행되기도 하며 조화를 이룬다고 말한다. 서정오, 『오늘부터 시작하는 영성 훈련』, 34-55 참고.

31 William A. Barry · William J. Connolly, 『영적 지도의 실제』, 34-40.

32 William A. Barry · William J. Connolly, 『영적 지도의 실제』, 41.

게 궁극적 존재와 친밀한 관계를 형성하는 것은 인간에 내재되어 있는 신성을 발견하고 자기 초월로 확장하도록 도와 왔다.

한편 영성지도에서 심리학적 접근도 배제될 수 없다. 왜냐하면 인간의 삶과 경험을 이해하는 데 심리학적 접근이 도움이 되기 때문이다. 영성지도는 기도 생활이나 종교체험, 절대자와의 관계에 대한 영적 주제에 초점을 두어 왔다. 반면에 심리 치료는 감정을 비롯한 정신적 차원에 좀 더 초점을 둔다. 또 영성지도가 집착으로부터의 해방과 하나님의 뜻을 분별하고 자기 포기를 목적으로 하고 있다면, 심리 치료는 개인의 효율적인 삶을 격려하는 것을 목적으로 하고 있다.33 그러나 제럴드 메이Gerald G. May에 따르면 심리 치료와 영성지도 사이에 이런 근본적인 차이에도 불구하고, 개인의 치유와 성장을 위해서는 이 두 접근이 통전적으로 결합하여야 한다고 한다.34 이러한 관점에서 볼 때, 에니어그램은 전체적인 인간 이해와 의식발달 수준을 파악하게 함으로써 일견 통합적으로 설명되기 어려운 심리 치료와 영성지도를 총체적으로 적용할 수 있는 근거로 활용될 수 있다. 에니어그램은 개인의 삶을 배제하고 이해할 수 있는 것이 아니기 때문에, 개인의 삶과 분리되지 않는 훌륭한 영성지도의 도구 중 하나가 된다.

통합 심리학의 선구자인 윌버는 『감각과 영혼의 만남』에서 세

33 Gerald G. May/노종문 옮김, 『영성지도와 상담』 (한국기독학생회 출판부, 2006), 35-40.
34 Gerald G. May, 『영성지도와 상담』, 35-41.

상의 삶과 분리되어 영향력을 미치지 못하는 신앙인들에 대해 비판한다. 그에 따르면 제도권 교회가 교리에 치중할 때에 개인의 심리적, 관계적 삶을 통합하지 못한다고 본다. 다시 말해 그는 교회와 제도화된 의례, 나아가 도덕률을 최고의 가치로 두는 교회 공동체가 건강한 종교인을 양성하기보다 분열된 자아를 조장한다는 비판을 한다. 이와 맥락을 같이 하는 20세기 영적 스승인 토마스 머튼Thomas Merton은 개인의 삶에서 하나님의 영향력은 없고 그저 개인의 안녕과 복만을 추구하는 '하나님 없는 그리스도인'이 많다는 것에 통탄한다. 머튼은 이에 대해 진정한 신앙인이 되기 위해서는 교리의 외피에서 벗어나 통합적 영성을 회복해야 한다고 권고한다. 특히 개인의 내적 평안이나 갈등 해결만을 추구하는 것은 영성의 초보적 수준에 불과하다고 보며, 이것을 영적 게으름으로 정의한다. 특히 머튼에 따르면 '내적인 흥미와 자신의 영적 회복에만 집착'하는 것은 '영적인 정욕'이고, 이러한 모습이 '거짓 영성'을 만들며 현 세상에서 하나님의 부르심에 둔감하게 만든다고 한다.[35]

이러한 통합을 위하여 리처드 로어Richard Rohr는 신적 영향력이 인간에게 발휘되도록 돕는 도구로서 에니어그램을 제시한다. 그는 에니어그램이 근원적 죄에 빠져 있는 거짓된 자아를 분별하고, 균형 있는 자아를 형성함으로 신께 응답할 수 있도록 돕는 도구로

---

35 Thomas Merton/오무수 옮김, 『명상이란 무엇인가』 (카톨릭출판부, 2004), 25-80 참조.

본다.36 그에 의하면 에니어그램은 인간이 에너지의 균형을 잃고 분열된 거짓 자아 속에 있다는 것을 인식할 수 있도록 인도한다. 뿐만 아니라 각 개인이 자기 유형의 함정에서 벗어나 심리적으로 나 영적으로 균형을 찾아갈 수 있게 돕는다. 그와 뜻을 같이하는 리소와 허드슨에 의하면 인간 발달 과정에서 정지되거나 퇴보되는 것은 개인의 내적 특성에 기인하는 것이 아니라, 후천적 습관이나 잘못 고착된 태도에서 오는 것이라고 한다.37 그러나 인간은 스스로 자신의 습관적 성향이나 일상적 태도에 대해 자각하기 쉽지 않다. 이를 위한 훈련을 통해 자신의 성격유형을 인식하고 습관적 성향을 찾아 멈추는 노력이 중요하다고 할 수 있다. 이러한 통찰에 에니어그램은 중요한 도구 중 하나가 될 수 있다.

모든 영적 여정의 첫걸음은 '알아차림'이라고 볼 수 있다.38 에니어그램에서 '알아차림'은 성격과 자신을 동일시하고 있다는 것을 알아차림으로 자신을 이해할 수 있게 한다. 또한 인간 내면의 여러 역동성을 통합해 가는 성장의 방향성을 제시해 주기도 한다. 이와 같은 에니어그램 영성지도는 자기 탐색을 가능하게 하고 진정한 본성을 찾아갈 수 있도록 돕는다.

구체적으로 에니어그램은 영성지도에 있어서 다음과 같은 중요성을 갖는다. 첫째, 에니어그램은 진정한 자신을 발견함으로 하

---

36 Richard Rohr & Andreas Ebert, 『내 안에 접힌 날개』, 74-84.
37 Don Richard Riso & Russ Hudson, 『에니어그램의 이해』, 327-330.
38 백형기, "통전적 목회를 위한 에니어그램 영성수련 적용 연구", 36.

나님께 온전히 응답할 수 있게 한다. 에니어그램은 인간이 자신의 본래 모습과 진정한 자아를 찾기 위해 습성에 매여 있는 자신을 인식할 수 있는 도구 중 하나가 된다. 구르지예프에 따르면 인간이란 누구나 자신 안에 우주를 품고 있는 신성한 영적인 존재이다. 그러나 그는 인간의 익숙하고 습관적인 모습으로 돌아가려는 성향으로 인해 삶 속에서 자신의 본질과 위치를 잃어버리고, 자신만의 세계 안에 갇혀 사는 수인囚人의 모습으로 살아간다고 한다.[39] 그렇지만 에니어그램은 자기 인식을 통해서 수인 상태에서 벗어나 자동적 패턴과 반응을 멈추고, 자기 생각과 자각 인지를 통해 진정한 자신의 모습을 발견하며 삶의 의미를 찾아갈 수 있도록 돕는다.[40] 인간의 자아의 집착과 열정의 상태는 외부의 조건과 환경에 맞추어 이상적으로 생각하는 자기 이미지를 만든다. 그리고 그 이미지가 곧 자기라고 생각하는 거짓 자아를 형성한다. 거짓된 자아는 무의식적인 감정과 사고와 행동 패턴 속에 있다.[41] 습관적 행동이 집착을 만들고, 한 가지에 집착하는 자아는 무의식적으로 근원적인 죄로 향하는 사고와 감정을 형성한다. 거짓 자아에 속아 진정한 자신을 만나지 못한 채 익숙한 패턴에만 따라 사는 것은 거짓 자아를 강화시켜 진정한 자기를 발견하기 어렵게 한다. 한편 참 자아와 거짓 자아의 분별은 본래 자신을 발견하여 인간의 건강

---

39 G. I. Gurdjieff, 『자기 기억과 자아탐구를 위한 작업』, 48-57.

40 P.D. Ouspensky, 『위대한 가르침을 찾아서』, 553-579.

41 정용구, "기독교 영성과 에니어그램의 상관성 연구", 216.

한 본성을 회복할 수 있게 한다. 그러므로 진정한 본성 회복은 초월적 존재의 부르심에 적극적이고 건강하게 응답하는 영적인 삶을 살 수 있게 한다. 에니어그램을 통해서 자신의 성격유형을 이해한다는 것은 각 성격유형이 갖는 함정을 알아차릴 수 있다는 것이다. 습관적으로 행동하는 자신을 인식하여 자신의 성격과 자기를 동일시하는 것을 멈추는 것은 진정한 자기에 다가갈 수 있는 길을 알려준다. 이러한 에니어그램을 통한 영성지도는 탈동일시와 습관적 패턴에서 벗어나는 과제의 수련을 통해 초월자 앞에 온전히 응답할 수 있게 한다.

둘째, 에니어그램은 근원적인 죄를 발견하는 구체적인 도구와 방식을 제공한다. 에니어그램은 인간의 근원적인 죄를 발견함으로 왜곡된 자기 모습을 찾아 진실된 모습으로 궁극적 존재 앞에 나아갈 수 있도록 한다. 에니어그램에서 다루는 '근원적인 죄'는 인간의 모든 표현의 숨겨진 동기가 된다.[42] 이런 '근원적인 죄'는 성격유형에 따라 다르다.[43] 분노(1)와 교만(2), 거짓(3)과 질투(4)와 인색(5), 공포(6)와 무절제(7), 파렴치함(8)과 게으름(9)으

---

42 Richard Rohr & Andreas Ebert, 『내 안에 접힌 날개』, 41.

43 '근원적인 죄'는 '치명적인 죄'와 동일한 개념으로 사용된다. 바울은 '죄의 대가'를 '죽음'이라고 한다(롬 6:23). 죽음이란 '치명적인 죄'로 인해 하나님과 분리되는 것이다. 따라서 에니어그램에서 '죄'란 하나님과 자신의 긍정적인 잠재성으로부터 분리하는, 인간 스스로 만드는 장벽의 의미이다. 로어에 따르면 이러한 근원적인 죄는 자신의 성격과의 강박적인 동일시로 인한 반작용으로 생긴 것이고, 자기 안에 있으며 스스로 위안하기 위해 익숙하게 찾게 되는 것이다. Richard Rohr & Andreas Ebert, 『내 안에 접힌 날개』, 86-114. 참고.

로 알려진 '근원적인 죄'는 인간을 습관의 함정에 빠져 살아가게 한다. 인간이 '근원적인 죄'를 인식하지 못한 채 사는 모습은 일견 자기 욕심이나 충동이 일상의 삶의 에너지가 될 수 있다는 것을 말해준다. 그러나 이는 인간의 거짓 자아를 강화시킬 수 있는 결정적인 약점이 된다. 인간은 내면에 숨겨진 근원적인 죄를 인식하는 과정에서 거짓된 자신의 모습을 발견하고 돌이키게 된다. 그뿐만 아니라 자기를 직면하게 됨에 따라 진정 자신이 누구인가를 발견할 수 있게 된다. 따라서 '근원적인 죄'에 따른 함정을 알아차리는 것이 곧 하나님께로 인도되는 것이라 할 수 있다. 이러한 과정은 곧 하나님을 만나는 길이 되며 나아가 자기 초월로 나아가는 길이 된다. 에니어그램을 통한 영성지도는 자신의 '근원적인 죄'를 알아차려 회개하게 하고 발현되지 않은 진정한 자기를 발견할 수 있도록 한다. 그리고 진정한 자기와의 관계 회복을 통해 궁극적 존재에게로 인도된다.[44]

셋째, 에니어그램은 자기 초월성이라는 영성적 함의를 갖는다. 자기 초월성은 인간의 의식 개발과 자기 초월의 길을 제시한다.[45] 에니어그램이 갖는 자기 초월성이란 인간이 자신의 성격의 틀 안에서 벗어나 자기를 이해하고 나아가 타인을 이해하는 것이다. 이러한 확대된 이해로 내적 성숙을 이룰 수 있다. 인간이 본성

---

44 Richard Rohr & Andreas Ebert, 『내 안에 접힌 날개』, 41-42.
45 임희숙, "에니어그램의 영성 ― 그 의미와 실천", 「대한에니어그램학회지」 4권 (2015), 11-16.

을 회복한다는 것은 자기 인정, 타인 수용, 상황 조망에 깨어 있는 자기 초월로 나아감을 의미한다. 이 과정에서 자신의 한계를 인정함으로 타인을 수용할 수 있는 범위가 넓어지고 하나님과의 관계가 확장된다. 자기 초월을 통한 신과의 관계 회복은 내적 성숙을 이룰 뿐 아니라 인간 안에 있는 하나님의 '영'인 거룩함을 발견하게 한다. 그런데 이러한 과정은 저절로 이루어지지 않는다. 인간의 자율 의지만으로 격정이나 고착, 강박, 충동이라는 함정에서 벗어나 영적 성숙에 이르기란 쉽지 않다는 것이다.46 따라서 자신의 성격에 지배당하는 거짓 자아로부터 벗어나 내적 성숙을 이루기 위해서는 영적 수련과 영성지도가 필요하다. 이를 위해 에니어그램은 자기 초월성으로 나아가기 위한 훌륭한 도구가 된다.

마지막으로 에니어그램은 통전적인 성격을 가진다. 에니어그램은 인간을 이해하는 데 있어 성격, 내면 의식, 삶의 태도 등을 총체적으로 이해할 수 있도록 한다. 통전적인 자기 이해는 인간을 영적인 삶으로 인도한다. 이미 언급했듯이 에니어그램의 원의 상징은 연속성의 뜻을 담고 있다. 연속성은 인간과 인간, 인간과 세상, 세상과 온 우주가 서로 연결되어 있는 통전적인 영성의 의미를 포함한다. 건강한 영성이란 전인적인 인격으로 온전한 삶을 살아가는 전체로서의 의미를 추구하는 과정이다. 이를 통해 인간은 진정한 자기를 발견함은 물론 참 자아를 넘어 공동체와 세상, 나

---

46 임희숙, "에니어그램의 영성 ─ 그 의미와 실천", 16.

아가 우주로 확대되는 삶을 경험하게 된다. 에니어그램은 한 개인의 성격유형이나 심리학적 지식의 이해에 그치지 않고, 창조 세계와 연결된 통합적 인간으로 나아갈 수 있는 영적 지평을 넓혀 준다. 따라서 진정 통전적이고 온전한 영성은 하나에 고착되거나 왜곡되어 건강하지 못한 자기 안에 있는 순환 고리를 거부할 뿐만 아니라 습관적인 태도를 멈추어 하나님을 향한 순례를 할 수 있게 한다.[47]

에니어그램의 이와 같은 영성적 함의를 기반으로 하는 영성지도는 개인을 이해하고, 하나님과의 관계 회복을 돕는다. 또한 사회적 관계에서 타인과의 조화를 이루고 영적 공동체 회복과 세상과 우주와의 관계 회복을 이루는 훌륭한 도구 중 하나가 된다. 영성지도는 인간의 근원적인 갈망에 주의를 기울이고 창조주 하나님을 경험할 뿐만 아니라 삶에서 친숙한 아빠Abba 하나님을 경험하게 함으로[48] 세상에서 영향력 있는 삶을 살아갈 수 있게 하는 과정이다. 이런 의미에서 에니어그램은 자신 안에 왜곡된 하나님 이미지를 찾아내고 온전한 본성을 회복하며 자기 초월과 통전적 영성을 이루는 데 훌륭한 영성지도의 도구가 될 수 있다.

---

47 임희숙, "에니어그램의 영성 — 그 의미와 실천", 17-18.
48 유해룡, 『기도체험과 영적 지도』, 32.

II. 에니어그램의 의식발달 수준에 따른 영성지도

1. 에니어그램의 의식발달 수준

한 인간을 이해하기 위해서는 다양한 관점에서의 정보와 해석적 근거가 필요하다. 앞서 언급했듯이 에니어그램은 인간의 다양한 성격유형이나 기질을 설명하는 지표로 사용된다. 그러나 지금까지 연구되어 왔던 에니어그램을 통한 인간 이해는 대부분 성격이나 기질에 따라 인간을 유형별로 구분하고, 이에 따른 성격 교정이나 심리 치료, 관계성 확장을 일차적 목적으로 두었다. 인간을 이해하는 데 있어 에니어그램의 성격유형의 특징, 유형의 통합과 분열 과정을 살펴보는 것은 분명 의미가 있다. 그러나 인간의 근원적 이해, 나아가 우리가 주목하는 바 영성적 삶을 위한 인간 이해와 지금까지 중요하게 다루어졌던 논의들만 가지고는 인간 내면에 영향을 미치는 심리 내적인 문제들을 교정하기 어렵다.[1]

진정한 의미의 전인격적이고 통전적인 영적 인간으로 성숙하기 위해서, 다시 말해 궁극적 존재와의 참된 만남을 위해서는 인간 내면이나 영적 상태에 대한 심층적 이해가 선행되어야 한다.

---

1 Don Richard Riso & Russ Hudson, 『에니어그램의 이해』, 192.

이러한 영성지도의 근거로서 에니어그램은 단순한 성격유형 지표로 활용되는 것이 아니라, 인간 내면과 그 심리적 기제의 깊은 상관관계를 밝혀주는 표지로 활용될 수 있다. 에니어그램에서 인간의 진정한 성장이란 자기 성찰을 통한 에너지 균형과 통합을 이뤄가는 것이고, 내면에 숨겨진 의식 성찰을 통해 자기를 일깨우는 것이다. 나아가 이를 바탕으로 해서 타인과 세상과의 관계적인 조화를 이루는 것이다. 따라서 한 인간의 성장과 발전을 이해하기 위해서는 새로운 자각을 통한 자기 인식이 무엇보다 중요하다는 점을 알 수 있다. 이에 따라 자기를 인식하기 위해서 의식을 깨우는 신호를 알아차릴 수 있는 의식발달 수준의 역동을 살펴볼 필요가 있다.

인간은 보통 표면적인 심리적 에너지, 욕구들의 좌절과 충족을 의식하며 자기를 이해한다. 그리고 인간은 의식적인 자기 이해를 통해 자신의 욕구 흐름과 에너지를 인식하고 타인을 이해하며 관계한다.[2] 또한 반복적인 관계 패턴과 습관적인 행동 방식 등의 탐색을 통해 자기 관찰을 한다.[3] 그러므로 올바른 자기 성찰을 위해서는 습관처럼 반복하는 행동의 패턴 안에 숨겨진 동기를 인식할 수 있어야 한다. 이러한 힘은 자신의 의식 성찰을 통해 내면을 탐색하고 자신의 생활을 이해함으로 자신의 의식을 성찰하고 자

---

2 이은하·문양선, "에니어그램심리역동현상에 의한 머리중심 유형별 질적 연구", 「에니어그램심리역동연구」 1/2 (2015), 9.
3 이은하·문양선, "에니어그램심리역동현상에 의한 머리중심 유형별 질적 연구", 9.

아의식 현상을 이해할 수 있을 뿐만 아니라 내적 성장을 할 수 있는 힘을 기를 수 있다.[4]

인간의 의식발달 수준 이해란 자기 성찰을 통해 성숙에 이르는 과정이다. 자기 성찰은 인간 내면의 에너지의 불균형과 병리적인 자아 현상 신호를 일깨워 건강한 자아로 나아갈 수 있도록 방향을 제시한다.[5] 그런데 이러한 인간의 의식발달 수준은 자아의식이 나타내는 현상에 따라 나뉜다. 즉 에니어그램에서 의식발달 수준은 숨겨진 동기 인식의 정도에 따라 나뉜다. 그러나 인간의 의식발달 수준의 구분은 현상에 따른 객관적으로 규정된 지표가 없기 때문에 정확히 구분하기 어렵다. 게다가 인간 이해를 위한 의식적인 자기 이해와 무의식적인 자기 성찰이 동시다발적이고 통합적으로 일어나기 때문에 구분하여 규정짓기도 어렵다. 또한 인간의 의식발달 수준은 어느 한 지점에 고착되어 있지 않고 연속성 안에서 순행하기도 하고 역행하기도 한다. 이러한 과정에서 인간의 의식발달 수준은 나선형 형태로 상승과 하강을 반복하고, 통합과 분열의 과정에서 연속성을 가진다. 인간은 건강한 의식발달 수준으로 상승할수록 자기 초월적이고 통합된 자기를 만날 수 있다. 반대로 건강하지 않은 의식발달 수준으로 하강할수록 병리적인 증상들이 나타나고 균형이 무너져 자기 파괴적 모습을 나타낸다.

에니어그램의 의식발달 수준은 성격유형에 따라 고유한 특징

---

4 이은하·문양선, "에니어그램심리역동현상에 의한 머리중심 유형별 질적 연구", 10.
5 이은하·문양선, "에니어그램심리역동현상에 의한 머리중심 유형별 질적 연구", 10.

을 가진다. 그러나 이미 살펴본 바와 같이 인간의 의식이 건강하지 않은 의식발달 수준의 범위에 있을 때, 자신만의 성격유형의 고유한 특징에서 벗어나 정반대의 현상을 보이기 때문에 성격유형의 특징을 일반화시킬 수 없다. 다만 건강하지 않은 의식발달 수준에서는 모든 기본 에너지의 균형을 잃어 병리적인 증상들을 보인다는 공통점을 가진다. 통합적인 인간 이해를 위해서는 의식발달 수준의 이해와 통찰이 반드시 필요하다.

2. 의식발달 수준에 따른 영성지도의 필요성

에니어그램이 다양한 인간 이해를 기반으로 할지라도, 영성지도와 목회적 돌봄이 모든 사람에게 동일하게 효과적으로 적용되지 않는다. 그 이유는 성격이나 기질 같은 표층적 차이뿐만 아니라 개인마다 내적 에너지의 작용과 심층적인 자아의식 현상에 따른 의식발달 수준이 다르기 때문이다.[6] 따라서 통전적 영성을 이루기 위한 영성지도는 성격유형에만 기반을 두기보다 내적이고 심층적인 의식발달 수준에 접근해야 한다. 이에 근거한 에니어그램의 의식발달 수준에 따른 영성지도의 필요성에 대해 살펴보자.

에니어그램 의식발달 수준에 따른 영성지도를 연구하기 위해서는 우선 발달이론의 배경을 살펴볼 필요가 있다. 일반적으로 인

---

6 권용근, "인간발달과 영적 지도", 「신학과 목회」 35 (2011), 12-13.

간의 인격 발달에 대한 초기 이해는 생애주기이론이 정립되면서
부터이다. 이는 삶의 불가피한 요구들을 해결하는 방법에 집중하
며 발전했다. 인간 발달 개념은 프로이트에 의해 처음 시작되었
다. 그리고 에릭슨은 프로이트의 이론을 바탕으로 생애주기에 따
른 여덟 개의 발달 단계를 전개시켰다. 프로이트나 에릭슨은 인간
삶에서 나타나는 위기나 요구들을 해결하는 방법으로 인간의 심
리적 변화와 발달을 설명한다.7 그러나 이러한 방법에 집중한 인
격 발달이론은 개인의 내적 의식발달 수준을 간과함으로 전인격
적 변화와 성숙을 설명하기 어려운 한계를 가진다. 이들의 생애
발달이론은 일반적이고 보편적인 단계로 이루어져 있고 서로 연
속되어 있다. 특히 에릭슨의 이론은 개인의 환경적 요인에 치중함
으로 개인의 내적인 의식발달 수준의 중요성을 간과하는 한계가
있다.8 그러나 에니어그램 의식발달 수준을 통한 영성지도는 심
리학의 병리적 측면의 접근에서 나타나는 적용의 한계를 극복하
고 개인의 내적인 의식발달 수준 차원에서의 통전적인 인간 이해
와 인격 성숙을 돕는다.

엘리자베스 리버트Elizabeth Liebert에 의하면 의식발달 수준의 중
요성을 파악하는 것은, 온전한 영성지도를 이끌 뿐 아니라 초월적
존재와의 성숙한 관계를 위한 훌륭한 재료가 된다. 또한 이러한
인간 이해는 상대방의 표현 틀을 이해하는 능력을 증가시킨다. 이

---

7 Erik. Erikson/송제훈 옮김, 『유년기와 사회』 (연암서가, 2014), 참조.
8 Elizabeth Liebert, 『영성지도와 성인발달론』, 56-69.

로써 의식발달 수준에 따른 영성지도는 지도자와 피지도자의 관계의 질을 성숙시켜준다. 나아가 하나님과의 관계 성숙을 위한 변화를 보다 더 촉진시킬 수 있다. 영성지도에서는 지도자가 피지도자를 어떻게 이해하고 인식하느냐에 따라 영성지도의 토대가 형성되게 되기 때문에 피지도자의 의식발달 수준의 의미와 한계를 이해하는 것은 중요하다.[9]

영성지도에 있어 인간의 의식발달 수준의 진화와 퇴보를 알아차리는 것은 무엇보다 중요하다. 앞서 언급한 것처럼 구르지예프에 의하면, 의식발달을 포함한 세상에 존재하는 모든 것은 어떠한 노력 없이도 자연적인 퇴보가 진행된다. 그러나 진화와 발전은 그렇지 않다. 진화와 발전은 의식적인 노력이나 훈련이 없으면 불가능하다.[10] 인간의 영성적 삶도 이와 같다. 개인의 의식발달 수준의 퇴보는 삶 속에서 자연스럽게 이행되나 이를 다시 긍정적인 방향으로 회복하고 발전하기 위해서는 부단한 노력이 필요할 뿐만 아니라 혼자만의 힘으로도 어렵다.[11] 이러한 이유로 인간의 영성적 삶을 위한 영성지도는 필요하다. 특히 의식발달 수준에 따른 영성지도는 개별적 역량에 따라 인간의 본성을 회복하고 전인적이고 통합적인 성장을 돕는 과정이기 때문에 온전한 영성적 삶을

---

9 Elizabeth Liebert, 『영성지도와 성인발달론』, 21.

10 G. I. Gurdjieff, 『자기 기억과 자아탐구를 위한 작업』, 56-70.

11 이카조(Ichazo)는 개인의 영성지도와 영성 훈련 없이는 스스로 근본적인 결함을 알아차리거나 진단하여 성장에 이를 수 없다고 주장한다. Claudio Naranjo, 『에니어그램 사회』, 30.

영위하기 위해 필요하다.

인간의 의식발달 수준이 건강하지 않은 수준에 주로 머물러 있을 때는 왜곡된 의식에 사로잡히게 된다. 그리고 이 왜곡 의식은 성격유형마다 가지는 근원적인 죄를 강화시킨다. 근원적인 죄에 사로잡히게 되면 의식하지 못한 채 습관적인 사고와 행동을 하게 한다. 이로 인하여 인간은 온전한 인격과 진정한 본성으로 회복하는 데 어려움을 가지게 된다. 인간은 자신의 의식발달 수준을 정확히 인식하고 부족한 에너지를 발전시켜 균형을 이룰 때 성장할 수 있다. 이 과정에서 에니어그램은 인간 의식의 표층과 심층의 역학 관계 속에서 에너지의 불균형을 찾아내고 균형의 근거를 잡아 통합을 이루는 훌륭한 도구가 될 수 있다.

에니어그램 의식발달 수준은 각 의식발달 수준의 범위나 유형에 따라 균형을 잃는 기본 에너지가 다르다. 그래서 자신의 에니어그램의 의식발달 수준을 인식하는 것은 불균형한 에너지를 알아차려 부족한 에너지를 발전시켜 균형을 이루는 근거가 된다. 그러면 에니어그램 의식발달 수준에 따른 영성지도는 인간의 사고와 감정과 본능 에너지의 균형을 이뤄, 내적 성장을 가능하게 한다. 안드레아스 에베르트Andress Ebert는 '볼 준비가 되어 있지 않은 것은 볼 수 없다'고 말한다.[12] 이것은 아직 자신이 누구인지 파악할 수 있는 상태에 이르지 못한 사람은 진정한 자신이나 혹은 왜곡

---

12 Richard Rohr & Andreas Ebert, 『내 안에 접힌 날개』, 41-42.

된 자신에 대한 성찰이 어렵다는 것을 뜻한다. 다시 말해 자신의 의식에 대한 정확한 인식과 이해 없이는 자기 내적 본성을 회복하기 어렵다는 점이다.

위에서 언급한 에베르트의 주장은 정신과 환자를 대상으로 한 에니어그램 의식발달 수준에 따른 삶의 만족도 연구 결과에서 뒷받침된다. 이 연구에 따르면 삶의 만족도는 의식발달 수준이 낮은 사람일수록 높다.[13] 이 결과로 유추해 본다면 에너지의 불균형이 심화된 사람일수록 자기 성찰과 문제를 인식하지 못한 채 현재 삶에 만족한다는 사실을 알 수 있다. 다시 말해 건강하지 않은 의식발달 수준의 사람은 자신의 문제를 발견하고 이를 극복하여 성장할 필요성을 느끼지 못한 채, 주어진 현실에 만족한다는 사실이다. 이와 같은 결과는 간호학생들을 대상으로 행한 리소의 의식발달 수준 기준에 따른 삶의 만족도 연구에서도 유사하게 나타난다. 그 결과 평범한 의식발달 수준에 해당하는 5, 6수준의 사람들의 삶에 대한 만족도가 가장 높게 나타났다.[14] 정신 병리 증상을 보이지 않는 평범한 의식발달 수준의 사람들을 대상으로 조사한 것이라는 전제하에, 평범한 의식발달 수준 가운데 가장 낮은 의식발달 수준의 만족도가 높게 나왔다는 것은 주의해서 볼 필요가 있다. 의식발달 수준별 삶의 만족도에 대한 두 연구는 의식발달 수준과

---

13 박현경·권은지, "에니어그램과 정신건강", 189-213.
14 오현수·김향선, "간호대학생의 에니어그램 성격유형과 발달 수준 비교연구", 「에니어그램연구」 3/2 (2006), 63-91.

삶의 만족도가 역비례하고 있음을 보여 준다. 결과적으로 높은 의식발달 수준에 머물러 있는 사람에 비해 낮은 의식발달 수준에 머물러 있는 사람일수록 삶에 대한 만족도가 높다는 것을 알려준다. 이런 결과는 건강하지 않은 의식발달 수준에 머물러 있을수록 현재 상황에 만족하여 발전하거나 진화하려는 노력의 필요성을 느끼지 못한다는 것을 알 수 있다. 다시 말해 낮은 의식발달 수준의 사람은 자신에게 매몰되고 고착되어 있어 내면 의식의 성장뿐만 아니라 영적 성장에 대한 관심과 필요성에 소극적이라는 사실을 알 수 있다.

따라서 각 의식발달 수준에 따라 부족한 에너지의 균형을 이룰 수 있도록 돕는 영성지도가 이루어져야만 자기 성찰과 영적 성장을 기대할 수 있다. 리소와 허드슨에 따르면 세 가지 에너지 센터 —사고, 감정, 본능—가 왜곡되어 균형과 안정성이 떨어져 있는 건강하지 않은 의식발달 수준에 있는 경우, 에너지의 균형을 이루기 위해서 외부적 개입이 필요하다고 한다.[15] 이와 같은 주장은 의식발달 수준에 따른 영성지도의 필요성의 근거를 제시해 준다. 이처럼 에니어그램은 의식발달 수준에 따른 에너지 불균형의 근거를 찾아 균형을 이루도록 인도되는 훌륭한 도구가 될 수 있다. 따라서 에니어그램의 의식발달 수준에 따라 균형을 이루지 못한 에너지를 찾아 성장시킬 영성지도 방법이 요구된다.

---

15 Don Richard Riso & Russ Hudson, 『에니어그램의 이해』, 336.

그러나 의식발달 수준에 따른 영성지도는 그 필요성과 중요성에도 불구하고 다음과 같은 함정을 지닌다. 첫째로 낮은 의식발달 수준에서 높은 의식발달 수준으로의 발달이라는 개념 안에서, 현재 의식발달 수준에서 보다 높은 의식발달 수준 단계로의 전환을 기대한다는 점이다. 그러나 낮은 의식발달 수준에 머물러 있다고 하더라고 하나님을 향한 거룩성이 떨어지는 것은 아니다. 또한 더 높은 의식발달 수준 단계로의 진화가 영성지도자나 피지도자의 염원으로 이루어지는 것도 아니다. 영성지도는 하나님께서 피지도자 안에서 역사하는 주도권을 인정하고, 그가 하나님의 뜻에 따라 반응할 수 있도록 하는 과정이다. 따라서 에너지의 균형은 변화의 환경을 조성하여 자연스럽게 단계의 변화를 동반하는 것이다. 둘째로 한 인간에게 나타나는 대표적인 의식 수준이나 발달 단계로 그를 판단하거나 규정할 수 있는 위험성을 가진다는 점이다. 인간을 향한 하나님의 유일무이한 개별적 만남은 개인에 따라 달라 복잡하고 미묘하며 다양하다. 인간의 의식발달 수준은 한 구조 안에 머물러 있는 것이 아니라 다양하게 운동하며 활동한다.16 그러므로 인간의 의식발달 수준은 역동적이고, 하나님의 개입은 무한하기에 인간을 한 의식발달 수준으로만 단적으로 규정할 수 없는 것이다. 셋째로 더 높은 의식발달 수준 단계에서 하나님께 더 잘 반응할 수 있을 것이라고 착각한다는 점이다. '더 높은' 단계

---

16 Elizabeth Liebert, 『영성지도와 성인발달론』, 79.

가 '더 거룩한 것'과 동일하지는 않다. 거룩성은 각 단계에 따라 적합하거나 타당한 반응으로 나타난다.[17] 하나님의 임재나 은혜는 개인의 의식 수준이나 발달 단계와는 관계없다. 따라서 영성지도의 목표를 단계 진화에 맞추어서는 안 될 것이다. 그러나 전인격적이고 통합적인 영성 생활 상당 부분은 인간의 자아 성숙이나 발달과 밀접한 연관이 있음은 분명하다.[18] 더 높은 심리학적, 영적 발달 단계에 있는 개인은 폭넓은 관점과 내적 적응력이 확산된 심리적 자원을 가진다. 따라서 위의 함정에도 불구하고 의식발달 수준에 다른 영성지도는 풍성한 하나님과의 교제를 경험하게 한다. 뿐만 아니라 삶의 다양한 관점의 수용을 통해 진정한 자아의 발견과 하나님과의 관계성을 회복하고 확장시켜 준다.

그러므로 이러한 의식발달 수준에 따른 영성지도에서는 영성의 수평적 의미와 수직적 의미의 균형이 무엇보다 중요하다. 에니어그램을 기반으로 할 때, 수평적 의미에서의 영성은 인간의 세 가지 기본 에너지 센터가 조화를 이루는 것이라 할 수 있다. 수평적 의미에서의 영성은 각 성격유형이 통합되어 인간의 선한 본성을 회복하는 데 초점을 둔다. 그러나 세 에너지의 조화와 균형을 이루는 수평적 영성만으로는 통전적 의미에서의 영적 성숙을 이루기 어렵다. 온전한 영적 성숙은 수평적 의미의 영성 이해와 수직적인 의미에서의 영성, 즉 인간 의식의 발전 단계에 따른 심층

---

17 Elizabeth Liebert, 『영성지도와 성인발달론』, 70-71.
18 Elizabeth Liebert, 『영성지도와 성인발달론』, 16.

적인 영성에 대한 이해가 통합되어야 근본적인 의미의 영적 변화와 성숙을 이룰 수 있다. 따라서 의식발달 수준에 따른 영성지도가 심층적으로 다루어질 때 온전한 영적 성장과 변화를 이룰 수 있다.

기존의 에니어그램에 의거한 인성의 변화와 발달은 대부분 수직적인 의미보다는 수평적인 의미에서 논의되어 왔다. 그러나 온전한 영적 성장은 어느 한쪽에 치우칠 수 없다. 따라서 필자는 수평적, 수직적 의미의 영성지도에 대해 고찰하되 특히 수직적 차원, 다시 말해 의식발달 수준에 따른 영성지도의 필요성에 대해 심도 있게 살펴보기로 한다.

에니어그램을 통한 전인적인 인격 성장과 변화는 수평적 의미와 수직적 의미의 통합을 전제로 한다. 이러한 통합은 에니어그램의 심리적인 역동 구조에서는 다루는 인간의 성격유형의 움직임과 내면에 숨겨진 행동의 동기나 패턴의 움직임을 수평적 의미를 포함하고[19] 나선형 구조 속에서 발달적 단계를 담고 있는 의식발달 수준이라는 수직적 의미를 포함한다.[20]

이러한 통합을 구체적으로 설명한 윌버는 의식의 IOS이론에서 변화와 변형을 구분한다. 윌버는 변화와 변형의 구분을 통해 수평적 의미와 수직적 의미를 분명히 한다.[21] 윌버에게 있어 변화

---

19 이은하·문양선, "에니어그램심리역동현상에 의한 머리중심 유형별 질적 연구", 8.
20 이은하·문양선, "에니어그램심리역동현상에 의한 머리중심 유형별 질적 연구", 7-10.

란 개인의 신념, 즉 자기의 본성에 대한 방향으로 전환하는 것이다. 그리고 변형은 변화보다는 역동적인 의미로 삶에 대한 새로운 관점이나 다른 사람과 질적으로 성숙한 관계를 만드는 것이다. 변화는 의식의 현재 수준 내에서 수평적 이동이라고 볼 수 있고, 변형은 의식의 또 다른 수준으로의 수직적 이동이라고 할 수 있다.[22] 또한 윌버는 의식 상태와 단계를 설명함에도 수평적 의미와 수직적 의미를 제시한다. 그에 따르면 의식의 상태는 현재의 존재 모습이고, 단계는 진화를 말한다. 이처럼 윌버의 AQAL 이론은 모든 사분면의 관점이 발달의 모든 수준에서 존재함을 나타내고 있다.[23] 존재는 변형을 통해 단계를 이동하며 진화함으로 서로 연결되어 있다.[24] 그에 따르면 인간의 성장은 변화와 변형의 통합을 통해 이루어진다는 사실을 알 수 있다. 또한 수직적 차원의 성장이 필요한 '변형'이 요구될 때, 수평적 차원에서의 확장을 나타내는 '변화'의 작업만이 지속하게 되면, 자신의 성격에 고착이 되는 병리 증상을 보인다. 반대로 수평적 차원의 이해와 확대가 필요한

---

21 Ken Wilber, 『켄 윌버의 통합비전』, 85-104.
22 Susan Rhodes, 『통합 에니어그램』, 309.
23 윌버는 '진리의 사상한'(Four Quadrants of Truth) 개념을 두고 '온우주의 네 코너'라고 말한다. 사상한은 존재의 주요 위계 대표이다. 윌버는 모든 존재에는 주관적/내면적 측면과 객관적/외면적 측면이 있고, 이 같은 내면의 영역은 다시 개인적(나의) 영역과 집합적(우리)의 영역, 외적영역도 개체적(그것의) 영역과 집합적(그것들의) 영역으로 구분된다고 한다. 그 중 좌상상한은 개인의 내면에 해당되는 위계이다. 이들 사상한은 서로 상호 연관성이 있다. Ken Wilber/조효남 옮김, 『감각과 영혼의 만남』(범양사, 2007), 111-115. 참고.
24 Ken Wilber, 『켄 윌버의 통합비전』, 138-139.

'변화' 작업이 요구될 때, 수직적 차원의 '변형'의 작업만이 지속하게 되면 해리라는 병리적인 신경증 증상을 보인다.[25] 따라서 온전한 영적 성장을 위해선 수평적 성장과 수직적 성장의 통합이 무엇보다 중요하다.

이와 같은 변화와 변형의 의미는 에니어그램의 성격유형과 의식발달 수준에서도 찾을 수 있다. 에니어그램에서 변화는 유형별 구조 안에서의 자기를 구성하는 성격유형이고, 변형은 의식발달 수준의 이동에 따른 수직적 구조의 이동으로 이해할 수 있다. 변형을 이루는 것은 변화를 이루기보다 어렵다. 변형이 의식의 주어진 단계에서 더 높은 단계로의 이동을 포함하고 있기 때문이다. 그뿐만 아니라 변형의 과정이 성숙의 과정에서 자기 삶의 의미와 진정성을 찾는 것과 연결되어 있기 때문이다. 진정한 변형적 경험은 진리와 영적 성장의 갈망을 불러일으켜 영적 성장과 깊은 관련이 있다.[26] 이와 같은 입장에서 리소는 인간의 온전한 성장이란 수평적 의미의 성격유형과 수직적 의미의 의식 수준이 통합을 이룰 때 일어난다고 하였다. 이처럼 에니어그램에서 통합은 단순히 자기가 자신의 성격과 동일시하는 성격 구조에서 벗어나는 것을 목표로 하는 것이 아니라, 자신의 성격을 이해하고 자신 안의 미

---

25 박현아, "윌버의 의식스펙트럼 입장에서 본 에니어그램의 자아초월적 의미 고찰", (공주대학교 교육대학원, 2008), 75-76.

26 Susan Rhodes/한국에니어그램역동심리학회 옮김, 『통합 에니어그램』(학지사, 2016), 117-18.

덕을 회복하여 온전한 본성으로 나아가는 것에 중점을 두는 것이다. 변형은 모든 인간의 삶에 내재되어 있어 어느 곳에서든 일어날 뿐만 아니라 각 개인의 경험과 고유한 특성에 따라 일어난다. 이와 같은 변형을 나타내는 의식발달 수준의 진화는 자신과 타인을 바라볼 수 있는 관점의 확대를 가져오고 뿐만 아니라 자신의 내적 변화를 이루어 수직적이고 수평적인 통합을 이루게 한다.[27]

리소에 의하면 수직적이고 수평적인 통합 성장이 이루어지지 않는다면, 자신의 성격과 자신을 동일시하게 되면서 에너지의 균형이 깨지고 자기의 본성을 잃게 된다. 나아가 자아가 고착되어 진정한 자기와의 만남이 어렵게 된다. 다시 말해 온전한 본성 회복을 위해서는, 각자의 성격유형과 에너지 센터를 찾아가는 것이 무엇보다 중요하다.[28] 수평적 측면에서 변화는 성격유형의 통합과 분열의 상태에서 에너지가 이동하며 일어난다. 이것은 일종의 심리적 방어기제처럼 여겨진다. 그렇다고 하더라도 이것은 자연스럽고 건강한 모습이다. 온전한 성장을 위해서 때로는 심리적 방어기제처럼 사용되는 자신의 에너지를 인식하고, 수직적 측면에서 의식의 관점을 폭 넓혀 확대 조명할 때 성장의 진화가 일어난다.[29] 이것은 변화가 변형의 과정으로 이행될 수 있게 한다는 것이다. 따라서 인간의 온전한 정체성 회복은 수평적 성격유형과 수직

27 Susan Rhodes, 『통합 에니어그램』, 307-308.
28 임희숙, "에니어그램의 영성 — 그 의미와 실천", 11-18.
29 Susan Rhodes, 『통합 에니어그램』, 309.

적 의식 수준 이해가 통합되어 나선 역학이 실천될 때 온전한 영성 성장을 이룰 수 있다고 하겠다.[30]

이상에서 리소와 윌버를 종합해 볼 때 자아의 초월과 전인적이고 온전한 성장을 위해서는 수평적 의미와 수직적 의미의 통합이 이루어져야 함을 알 수 있다. 따라서 의식발달 수준에 따른 영성 지도는 개인의 진정한 본성을 회복하고 초월적 존재와의 성숙한 관계를 통하여 개인의 관계적 삶에 긍정적 영향력을 미친다는 것을 알 수 있다. 그러므로 수평적 성격유형의 탐색은 물론 수직적 의미의 의식 수준의 성장이 통합된 영성지도가 요구된다.

---

30 황임란, "에니어그램의 발달 수준과 윌버의 의식 수준에 대한 연구", 96-97.

III. 리소의 의식발달 수준에 따른 영성지도
— '제3의 에너지'의 개발

인간의 의식 수준 발달은 시간에 지남에 따라 자연적으로 일어나는 것이 아니라는 사실을 이미 살펴보았다. 인간의 의식발달은 알아차림을 위한 의식적인 훈련과 노력으로 성장한다. '알아차림'을 통한 자기 인식은 자기의 참 본성을 회복하고, 전인적이고도 통전적인 인간으로 통합되기 위한 중요한 전제가 된다. 알아차림을 통한 내면 인식이나 경험 인식은 개인의 의식발달 수준에 따라 이해된다. 인간은 의식발달 수준에 따라 세상을 인식해 가고 그 과정에서 세 가지 기본 에너지의 균형을 이루어 갈 수 있다. 에니어그램에서 말하는 의식발달 수준은 두 개의 충격지점을 지나면서 성장 발전한다.[1] 충격지점을 넘어서 다음 수준으로 성장하기 위해서는 지속적이고 끈기 있는 노력을 통한 자기 인식이 필요하다.[2] 또한 진정한 자기 본성을 회복하기 위해서는 변화를 촉구하는 수평적 성장과 변형을 촉구하는 수직적 성장의 통합을 이루는 훈련과 노력이 요구된다.

---

1 Riso, D. R. & Hudson, R, *Personality Types using the Enneagram for self-discovery* (New York: Houghton Mifflin Company, 1996), 156-170.
2 Don Richard Riso & Russ Hudson, 『에니어그램의 이해』, 335.

그런데 집중해서 볼 것은 에니어그램 의식발달 안에 있는 충격지점에서는 인간의 의식발달 성장뿐 아니라 퇴보 상황도 발생한다는 점이다. 각 충격지점의 위와 아래에 위치한 의식발달 수준은 인간이 가지고 있는 세 가지 에너지(사고, 감정, 본능)의 불균형 정도로 나뉜다. 건강한 의식발달 수준에서 세 가지 기본 에너지는 균형을 이룬다. 그러나 첫 번째 충격지점을 지나 평범한 의식발달 수준에서는 자신의 주된 에너지와 이외의 한 가지 에너지와만 상호작용하고 나머지 에너지 사용을 등한시하면서 불균형을 이루게 된다. 이 과정에서 잘 사용하지 않는 에너지가 '제3의 에너지'가 된다. 평범한 의식발달 수준에서 '제3의 에너지'는 자신에게 속해 있으나 알아차리지 못해 미처 개발되지 못한 영역이다.[3] 따라서 평범한 의식발달 수준에서는 '제3의 에너지'를 개발함으로 세 가지 에너지 균형을 이룰 수 있게 된다. '제3의 에너지'의 개발은 '알아차림'의 힘을 길러 세 에너지의 균형을 이룰 수 있게 한다. 마지막으로 건강하지 않은 의식발달 수준에서 세 가지 에너지는 모두 정상적인 기능을 하지 못하고 불균형 상태에 있다.

리소에 따르면 세 가지 기본 에너지는 첫 번째 충격지점을 지나면서 제3의 에너지의 미발달로 인하여 균형이 깨진다. 이로 인하여 인간의 의식발달 수준은 건강한 의식발달 수준에서 평범한 의식발달 수준으로 저하된다. 평범한 의식발달 수준에서 '제3의

---

3 Don Richard Riso & Russ Hudson, 『에니어그램의 이해』, 335.

에너지'는 각 성격유형마다 다르게 나타난다. 에니어그램 1, 2, 6 유형의 제3의 에너지는 '사고 에너지'이고, 에니어그램 4, 5, 9유형은 '본능 에너지'이며, 또 7, 8, 3유형은 '감정 에너지'가 미개발된 제3의 에너지이다. 에니어그램 기본 상징인 삼각형의 중심에 자리하고 있는 3, 6, 9유형은 감정과 사고와 본능의 에너지를 기본 에너지로 가진다. 즉 3, 6, 9유형은 각각 감정과 사고와 본능 에너지를 자신의 주된 에너지로 삼고 있다. 그럼에도 불구하고 이들의 주된 에너지는 가장 개발되지 못한 상태에 머물러 있다. 어쨌든 에너지의 균형을 이루기 위해서는 이 주된 에너지가 먼저 개발되어야 한다.

〈표 4〉 센터의 불균형

센터의 불균형 1[4]

유형	분리되어 있으나 무의식적으로 동기 부여하는 센터	의존적인 혼합된 두 센터	자신을 나누는 두 가지의 모드
3유형	감정 센터	사고와 본능 센터	기능 모드와 감정 모드
6유형	사고 센터	감정과 본능 센터	사고 모드와 의무 모드
9유형	본능 센터	사고와 감정 센터	본능 모드와 백일몽 모드

센터의 불균형 2

유형	주로 동일시하는 센터	평균적 범위에 묶인 센터	불건강한 범위에 있는 센터
2유형	감정 센터	본능 센터	사고 센터
4유형	감정 센터	사고 센터	본능 센터
5유형	사고 센터	감정 센터	본능 센터
7유형	사고 센터	본능 센터	감정 센터
8유형	본능 센터	사고 센터	감정 센터
1유형	본능 센터	감정 센터	사고 센터

평범한 의식발달 수준에서의 에너지 불균형 모습을 나타내는 제3의 에너지는 정신분석가인 카렌 호니의 제자 그룹인 호니비언 그룹 모델에서 동일하게 나타난다. 호니비언 그룹은 에니어그램 4, 5, 9유형을 위축형으로, 1, 2, 6유형을 순응형으로, 3, 7, 8유형을 공격형으로 나눈다.5 위축형인 4, 5, 9유형은 '본능 에너지'를 가장 개발하지 못한 제3의 에너지로 가진다. 따라서 위축형인 이들이 균형을 이루기 위해서는 본능 에너지를 개발, 성장시킴으로 나머지 두 에너지와 균형을 이룰 수 있다. 호니비언 그룹의 순응형인 1, 2, 6유형은 '사고 에너지'를 제3의 에너지로 가진다. 순응형인 이들은 사고 에너지를 성장, 개발함으로 감정과 본능 에너지 사이에서 강화된 왜곡을 알아차릴 수 있는 힘을 가질 수 있게 되고, 세 가지 기본에너지의 균형을 이뤄갈 수 있게 된다. 3, 7, 8유형인 공격형은 감정 에너지를 제3의 에너지로 가진다. 공격형 그룹이 균형을 통한 성장을 하기 위해서는 감정 센터 에너지를 개발, 성장시켜야 한다.6 이와 같이 볼 때, 제3의 에너지의 개발은 각 유형의 에너지 균형을 이루어 갈 수 있는 영성지도와 훈련의 방향을 제시한다. 따라서 각 그룹의 제3의 에너지 개발은 에너지 균형을 이루고 있게 도와 건강한 의식발달 수준으로 성장할 수 있게 한다.

---

4 Don Richard Riso & Russ Hudson, 『에니어그램의 이해』, 360.
5 윤서연, "에니어그램 성격유형에 기반한 아버지 양육행동 척도 개발" (숙명여자대학교박사 논문, 2016), 36-37.
6 Don Richard Riso & Russ Hudson, 『에니어그램의 이해』, 335-362.

평범한 의식발달 수준과 건강하지 않은 의식발달 수준 사이(6
수준과 7수준)에 위치한 두 번째 충격지점에서는 여러 가지 충격과
충돌로 인해 의식발달 수준이 떨어질 수 있다. 두 번째 충격지점
을 지나면서 세 센터 에너지는 모두 왜곡된다. 리소와 허드슨에
따르면, 세 에너지가 건강하지 않은 의식발달 수준에서 모두 왜곡
되어 있기 때문에 외부의 개입 없이 스스로 의식 수준을 회복하기
힘들다.[7] 외부의 개입이란 전문적인 치료 돌봄이나 영적 지도자
의 적극적인 개입을 말한다. 건강하지 않은 의식발달 수준에서는
정신의학에서 분류하는 성격장애 증상을 보일 수 있다. 성격유형
에 따라 경직되고 부적응적인 모습을 보이는 성격장애의 단초적
모습은 대부분 평범한 의식발달인 5수준에서 시작된다. 그러나
병리적인 증상은 건강하지 않은 의식발달 수준에서 나타난다.[8]
건강하지 않은 의식발달 수준에서 건강한 방향으로 의식발달 수
준을 회복하기 위해서는 적극적인 목회적 돌봄과 전문적 치료 돌
봄, 영성지도 돌봄이 요구된다. 그렇다고 해서 건강한 의식발달
수준에 있는 사람에게 영성지도가 필요 없는 것이 아니다. 이들에
게도 건강하고 온전한 영성을 위한 영성지도와 의식발달 수준의
후퇴를 예방할 훈련과 노력이 필요하다. 왜냐하면 인간의 의식발
달 수준은 한 가지 의식발달 수준에만 머물러 있는 것이 아니기
때문이다. 인간의 의식발달 수준은 여러 가지 상황과 환경에 따라

---

7 Don Richard Riso & Russ Hudson, 『에니어그램의 이해』, 336.
8 Don Richard Riso & Russ Hudson, 『에니어그램의 이해』, 211.

움직인다. 이렇게 볼 때 건강한 의식발달 수준 안에서도 진정한 자유와 해방을 경험하기 위해서 영성 훈련과 영성지도가 필요하다는 사실을 알 수 있다.

일상생활을 하는 가운데 인간은 내면에서 일어나는 역동을 알아차리는 자기 인식을 통해 진정한 본성에 다가갈 수 있게 된다. 인간의 일상은 세 센터 에너지가 통합되도록 하는 매개체이다. 그러나 인간은 일상생활 속에서 스스로 균형을 찾아가기 어렵다. 인간이 실생활 안에서 본질적인 자기와 궁극적인 본성을 찾고 회복하기 위해서는 하나님의 개입과 인간의 응답이 있어야 하고 이를 위해 의식발달 수준에 맞는 기도와 영성 훈련이 필요하다.

1. 건강한 의식발달 수준에서 영성지도

인간은 자신과 성격을 동일시할 때 거짓 자아가 만들어진다. 에니어그램에서는 거짓 자아에서 벗어나는 것을 하나님께로 나아가는 영적인 과정의 일부라고 보고 있다.[9] 건강한 의식발달 수준에서는 세 가지 에너지(사고, 감정, 본능)가 균형을 이룬다. 그리고 지속적으로 에너지의 균형을 이루게 되면 진정한 자유와 해방을 경험하게 된다.[10] 그러나 이러한 과정은 끊임없는 노력과 훈련이

---

9 Richard Rohr, Andreas Ebert, 『내 안에 접힌 날개』, 20-33.
10 Don Richard Riso & Russ Hudson, 『에니어그램의 이해』, 209.

필요하다. 따라서 필자는 건강한 의식발달 수준에 있는 사람이 어떠한 과정과 영성지도 훈련을 통해 진정한 본성을 회복하고, 자기 초월로 나아갈 수 있는지에 대한 방법을 알아보고자 한다.

리소가 설명하는 건강한 의식발달 수준은 1수준에서 3수준이다. 1수준은 모든 것의 해방과 자유를 경험하는 수준으로 이해될 수 있다. 1수준에서는 '어린 시절 자기 존재의 본질과 연결되지 못한 결과로 생긴 기본적인 두려움'에 직면할 수 있는 힘이 있다.[11] 그 결과 두려움에서 벗어나 진정한 자기를 실현할 수 있는 단계로 진입하게 된다. 1수준의 단계에서는 자기 성격 안에 갇혀 있지 않고 유연해져서 균형과 자유를 얻게 되고, 진정한 자기 본성을 회복하며 자기 초월을 통한 통전적이고 통합적인 영성을 형성할 수 있는 힘을 가진다. 2수준은 자기를 건강하게 인식할 수 있는 심리적 역량이 있는 수준이다. 2수준은 건강한 의식발달 수준이기는 하지만, 1수준에서와 달리 자신이 가지고 있는 기본적인 두려움을 직면하지 못하고 굴복하게 된다. 그러나 2수준 안에는 자신의 두려움을 인식할 수 있는 힘이 있다. 다만 두려움을 극복하기 위해 자기 보상적 욕구가 일어나는 에고의 방어기제가 발생하게 된다. 에고의 방어기제는 자기의 진정한 본성과의 만남을 방해한다. 인간은 두려움을 인식하고 자기 보상적인 에고의 활동을 거절할 수 있을 때야 자신의 본질과 연결될 수 있다. 3수준은 건강한 대인

---

11 Don Richard Riso & Russ Hudson, 『에니어그램의 이해』, 209.

관계의 특징을 보인다. 3수준에서는 내면의 두려움에 굴복함에 따라 자연스럽게 발생된 에고의 방어기제 활동이 증가하며 사회적이고, 관계적 특성을 지닌 페르소나가 발생한다.[12] 건강한 의식발달 수준인 2, 3수준에서는 본질과 분리되어 두려움과 불안을 느껴 에고의 방어기제를 발동시키지만 자신의 두려움과 불안을 인식하며 직면할 수 있는 힘이 있다는 면에서 건강하여 다시 1의식 수준으로 나아갈 수 있는 힘이 있다.

제임스 보울러James M. Bowler에 따르면 건강한 의식발달 단계는 하나님의 창조 안에서 궁극적 의미와 가치를 찾아가는 단계라 할 수 있다. 그는 이 단계가 제임스 파울러James W. Fowler의 신앙 발달의 마지막 '보편적 신앙' 단계에 해당되고, 융의 개성화 과정의 정점인 '진정한 자기로 살아가기'에 해당한다고 보았다.[13] 또한 그에 따르면 신앙의 각 단계에서 종교적 경험의 범위가 넓어지고 새롭고 성숙한 성장의 단계로 이끌기 위해서 인간의 의식발달 수준에 따른 영성 훈련과 기도의 방법이 달라져야 한다. 특히 그가 주장하는바 신앙의 영적 여정의 마지막 단계에서는 무의식과 대면하는 '관상기도'가 도움이 된다.[14] 관상기도는 더 넓고 풍성한 하나님과의 만남과 교류를 가능하게 하며 건강한 의식발달 수준으로

12 Don Richard Riso & Russ Hudson, 『에니어그램의 이해』, 209-210.
13 James M. Bowler, "신앙의 영적 여정", Suzanne Buckley, 『영적 지도와 영적 여정』, 149.
14 Suzanne Zuercher/김성웅 옮김, 『영적 지도와 동반여정』 (다른우리, 2002), 150-153.

생활할 수 있도록 돕는다. 인간이 하나님께 진정으로 복종하는 온전한 본성을 회복하기 위해서는 의식발달 수준에 따라 각 충격지점에서 적어도 두 번의 자기 초월이 있어야 한다. 자기 초월이란 개체의 중심성 즉 자기 자신을 유지하면서 자기를 넘어 확장되는 것을 의미한다.15 이렇게 볼 때 평범한 의식발달 수준에서 건강한 의식발달 수준으로 넘어가는 과정은 뚜렷한 자기 초월을 나타낸다고 할 수 있다. 자기 초월을 통해서 의식발달 수준의 단계를 넘을 수 있는 것이다.

또한 건강한 의식발달 수준의 영성지도 방법으로의 관상기도는 자기 초월을 이루어가는 과정이 될 수 있게 한다. 건강한 의식발달 수준에서의 영성지도는 '관상기도'라는 영성 훈련 방법을 통해 세 에너지의 균형을 이루어 더 넓고 깊은 영성의 차원으로 성장할 수 있도록 안내한다. 이 과정에서 인간은 에니어그램의 각 성격유형의 함정과 근원적인 죄를 인식하게 되면서 여기서 벗어날 수 있는 힘을 얻게 된다. 그리고 에너지의 균형을 이뤄 통합으로 나아가게 된다. 이를 통하여 하나님의 초대에 온전히 응답하고, 하나님이 허락하신 성령의 열매16를 선물로 인식하며 받아 누릴

---

15 홍영택, "의지(意志)와 종교적 복종", 「神學思想」 180 (2018, 봄), 204-205.
16 성령의 열매의 성경적 개념은 갈라디아서 5장 22부터 23절에 근거한다. 그리고 이는 구원받는 죄의 이미지와 연결되어 생명나무 이미지와 결부된다("좋은 나무는 모두 좋은 열매는 맺는다", 마 7:17). 따라서 성령의 열매는 죄의 힘이 인간의 본성을 손상시킬 수 없음을 말한다. 그러므로 성령의 열매는 인간이 만들어가는 것이 아니라 창조된 본성으로 회복해 가는 것이다. 에니어그램에서 언급하는 성령의 열매는 다음과 같다. 1유형의 성령의 열매는 인내이며, 2유형은 겸손을, 3유형은

수 있게 된다.

　에니어그램에서 언급하는 건강한 의식발달 수준 안에서 영적 성장은 통제나 절제가 아니라 '놓아버림', '내버려둠'을 의미한다. '놓아버리다', '내버려둔다'는 의미는 자신의 주도권을 전적으로 하나님께 넘기는 것이다.17 일반적으로 하나님의 주도권을 절대적으로 강조하는 관점에서는 인간의 경험을 최소화하는 면이 있다. 그러나 절대자 하나님은 만물과 관계하며 존재한다. 그렇기 때문에 하나님은 절대적 주권자로서의 일방적 통제가 아닌 개체의 자율성을 통해 인간과 관계한다. 따라서 진정한 자기 초월은 '개인적 통제personal mastery'로 이루어지는 것이 아니라 기꺼운 '자기 포기self-surrender' 안에서 완성된다. 이는 '기꺼이 나아가고자 하는 마음willingness'이며, 또 하나의 의지이다. 이 의지는 현재의 의식에 갇혀 있는 의지를 넘고자 하는 의지가 된다.18 다시 말해 통제가 아닌 기꺼운 마음으로 나아가고자 하는 의지를 보이는 기도 방식이 관상기도라 하겠다. 자발적으로 자신의 의지를 하나님께 내어 놓음으로 자기 안에 있는 진정한 본성을 회복하고 성령의 열매를 맺을 수 있게 된다. 이렇듯 주도권이 하나님께 있다는 것은 관상

진실함을, 4유형은 일관성 있는 조화로움을 성령의 열매로 받게 된다. 5유형의 성령의 열매는 객관성이며, 6유형의 용기를, 7유형은 진정한 즐거움을, 8유형은 순진함을, 9유형은 행동할 수 있게 됨을 성령의 열매로 받게 된다. Richard Rohr, Andreas Ebert, 『내 안에 접힌 날개』, 377.

17 Richard Rohr/윤운성 옮김, 『에니어그램 2』(바오로 딸, 2012), 276.
18 홍영택, "의지(意志)와 종교적 복종", 208-211.

기도에서 중요한 의미를 지닌다.

관상기도는 우리의 주의가 일상적인 사고의 흐름으로부터 빠져나오도록 한다. 인간은 일반적으로 자신의 기억, 상상, 감정의 내적 체험, 외부 사물에 대한 인식과 같은 일상적인 사고와 감정을 자신과 동일시하는 '거짓 자아'를 가진다. 동일시를 통해 형성된 '거짓 자아'는 인간의 의지로 없애거나 버릴 수 있는 것이 아니다. 관상기도는 이러한 것들의 알아차림을 통해 '지금' 너머를 향해 마음을 여는 의지로 하나님의 현존에 동참한다. 또한 관상기도를 통해서 하나님의 현존에 동의하는 의미에서 '거룩한 단어'를 떠올리는 것으로 거짓 자아가 떠내려가도록 내버려둠으로 떠나가게 한다. 관상기도는 거짓 자아 체계를 구성하는 모든 것을 뒤로 남겨 두고 떠나는 여정이다.[19]

관상기도를 통해서 인간의 의식은 깨어날 수 있다. 그리고 깨어 있는 의식은 거짓 자아가 만든 습관적 패턴으로 이루어진 자아의 고착, 특히 정신적이고 정서적 습관으로부터 자유롭게 한다.[20] 관상기도의 목적은 무의식 속에 있는 장애를 비워버림으로 하나님과 영원한 일치 상태를 이루고자 하는 데 있다. 관상기도는 우리 존재의 가장 깊은 중심에서 활동하시는 하나님의 활동과 접촉하게 한다. 즉 관상기도는 그 자체가 목적이 아니라 관상의 상태

---

19 Keating Thomas/엄무광 옮김, 『마음을 열고 가슴을 열고』 (가톨릭출판사, 1999), 65-77.

20 Keating Thomas, 『마음을 열고 가슴을 열고』, 137-139.

가 수련의 목적이 된다. 관상의 상태에서는 의식이 신비롭게 재구성되고 하나님의 현존을 '지금 여기'서 인식할 수 있게 된다. 그리고 '지금 여기'서 영향력을 미치면서 살아갈 수 있다.

토마스 키팅에 따르면 거짓 자아를 '알아차림'과 거룩한 단어를 떠올리며 하나님의 현존에 '동의'하고 '맡겨버림'의 두 가지 노력이 우리를 현재의 순간 즉 깨어 있어서 '지금 여기'를 살아가게 한다고 한다.[21] 이는 종교가 세상이나 사람들에게 영향력을 미치지 못한다고 비판하는 윌버와 현실에 '하나님 없는 그리스도인'이 많다고 하는 토마스 머튼의 비판에 대한 해답이 될 수 있다. 건강한 의식발달 수준에서 영성지도는 영적 성장을 통해 '지금 여기'를 살아갈 수 있는 힘을 가질 수 있게 한다. 물론 평범한 의식발달 수준에서도 하나님과의 만남은 가능하다. 그러나 건강한 의식발달 수준 상태에서 궁극적 의미와 가치를 찾아가는 데 더 많은 가능성이 열린다고 볼 수 있다.

의식발달 수준에 따른 영성지도에서는 한 개인이 내면으로 가는 여행에서 자신의 유형을 찾는 것뿐 아니라 어떤 의식발달 수준에 살고 있는지 정확히 찾는 것이 중요하다. 의식발달 수준이 높다는 것은 기분이 좋다는 것과 상관이 없다. 리소에 따르면 어려운 상황 속에서도 고요한 평화와 생명력을 느끼고 있다면 그것이 영적 성장의 징후이다. 에니어그램의 의식발달 수준에 따른 영성

---

21 Keating Thomas, 『마음을 열고 가슴을 열고』, 177.

지도와 이를 통한 훈련은 하나님과의 진정한 만남을 확장시켜준다. 또한 '지금 여기'에 영향력 있게 살아갈 수 있도록 한다.

2. 평범한 의식발달 수준에서 영성지도

영성지도는 개인과 하나님과의 관계에 초점을 맞춘다. 개인의 관계는 경험으로부터 해석되고, 경험은 삶에서 생겨난다. 그리고 개인의 의식 수준에 따라 삶의 경험은 제한된다.[22] 다시 말해 인간은 개인의 의식발달 수준에 따라서 경험과 해석의 폭이 제한되어 있어 하나님을 향해 나아가는 데 있어도 일정한 한계가 있다. 평범한 의식발달 수준에 있는 이들을 위한 영성지도는 피지도자가 자신의 삶에서 직접 하나님의 메시지를 들을 수 있도록 돕는다는 점에서 개인의 삶과 밀접하다. 이러한 이유에서 영성지도는 개인 삶과 의식발달 수준에 깊은 연관성을 가진다.

에니어그램 평범한 의식발달 수준에서는 불균형된 모습의 증거로 거짓 자기가 나타난다. 에니어그램에 따르면, 이 수준에서 거짓 자기에 대면하고 진정한 자신을 찾기 위해서는 제3의 에너지의 개발과 성장이 필요하다. 제3의 에너지 개발과 성장은 세 가지 기본 에너지의 균형을 이룰 수 있게 한다. 세 센터 에너지가 균형을 이룰 때 거짓 자기와 자기 유형의 함정을 알아차릴 수 있는

---

22 William A. Barry · William J. Connolly/김창재 · 김선숙 옮김, 『영적 지도의 실제』 (분도, 1995), 20.

힘이 생긴다.

인간은 평범한 의식발달 수준의 범위에 머물러 있을 때는 자신의 주된 센터 에너지와 이와 상호작용하는 두 번째 센터 에너지를 주로 사용한다. 각 성격유형의 주된 센터 에너지와 혼합되어 상호작용하는 두 번째 센터 에너지는 자신과 자기 성격의 동일시를 강화시킨다. 그런데 평범한 의식발달 수준에서 주로 사용하는 두 에너지를 제외한 나머지 세 번째 센터 에너지가 결핍되거나 망가진 에너지는 아니다. 세 번째 센터 에너지는 한 개인에게 있어 분리되거나 격리되어 제 기능을 발휘하지 못하고, 다른 에너지와 서로 교류하지 못하여 거의 개발되지 않은 에너지이다. 따라서 세 번째 센터 에너지 개발은 세 센터 에너지가 균형을 이룰 수 있도록 한다.[23] 미개척 에너지의 성장은 성격과 동일시된 자신의 모습을 직면할 수 있게 할 뿐만 아니라, 분리할 수 있는 힘을 가질 수 있게 한다. 세 센터 에너지가 혼용되지 않고 자신의 기능과 역할을 다할 때, 어느 한쪽으로 치우치지 않는 균형을 이룰 수 있게 된다. 각 센터 에너지의 균형은 진정한 초월적 자기 정체성을 발견할 수 있는 힘을 길러주며, 온전한 본성으로 회복에 이르는 의식의 성장을 이루게 한다. 인간은 제3의 에너지를 개발 성장을 통해 불균형한 자신의 모습을 알아차릴 때 에너지의 불균형에서 벗어나 세 센터의 균형을 이룰 수 있는 힘이 생긴다.[24]

---

23 Don Richard Riso & Russ Hudson, 『에니어그램의 이해』, 337.
24 Don Richard Riso & Russ Hudson, 『에니어그램의 이해』, 210-211.

종합해 보면 평범한 의식발달 수준의 범위에서의 영성지도는 에너지의 균형을 통해 통합을 이루고, 거짓된 자기를 알아차릴 수 있도록 하는 과정이 될 것이다. 에너지의 균형과 통합은 영적인 성장을 가져온다. 특별히 평범한 의식발달 수준에서의 영성지도는 어떤 유형으로 살아가느냐에 집중하는 것이 아니라, '지금 여기'에서의 삶을 충실히 살아가느냐에 집중할 수 있도록 하여 현재를 살아갈 수 있도록 한다. 또한 자신의 성격유형의 함정을 알아차리고, 영적 유혹이나 수치심을 통해 균형을 무너뜨리고 잃어버리게 하는 것이 무엇인지 깨달을 수 있도록 하며, 자신의 본성과 대면할 수 있는 힘을 가질 수 있도록 한다.[25]

1) 순응 유형의 영성지도

에니어그램 순응형 중에서 평범한 의식발달 수준의 범위에 있는 1유형은 자신의 에고를 본능 센터와 동일시한다. 동일시된 에너지는 그 힘을 발휘하지 못한다. 1유형은 본능 센터와의 동일시로 본능적인 힘과 멀어지기 때문에 자신의 무게감과 힘을 느끼지 못한다. 이들은 자신의 무게감과 힘을 느끼기 위해 자신의 유형과 상호작용하는 감정 에너지를 사용한다. 이들은 감정을 행동으로 옮기지 않고는 자신의 감정을 느끼지 못한다.[26] 이들은 스스로 이

---

25 이유남, 『정직성과 자유인 — 에니어그램을 통한 자아발견』, (대구가톨릭대학출판부, 2012), 202.

성적이라고 생각하지만 강렬한 감정 즉 분노에 의해 지배된다. 이로써 가장 개발되지 못한 에너지는 사고 에너지가 된다. 평범한 의식발달 수준의 2유형은 자신의 감정을 느끼는 대신 그 감정을 행동으로 표현함으로 자신의 주된 센터인 감정 센터와 본능 센터를 혼합하여 사용한다. 이들은 자신의 존재감을 자기 자신에서 찾는 것이 아니라 다른 사람을 돕는 행위에서 얻으려고 한다.[27] 이로써 이들은 사고 에너지를 주되게 사용하지 않음으로 사고 에너지가 제3의 에너지가 된다. 평범한 의식발달 수준에서의 6유형은 감정 센터 에너지와 본능 센터 에너지를 혼합하여 사용하고 있다. 평범한 의식발달 범위에 있는 6유형의 모습은 순응형인 1유형, 2유형과 유사한 양상을 보인다. 6유형은 행동적이고 서비스 지향적이며, 헌신적이고, 해야 한다는 강한 책임감을 가지게 하는 강렬한 감정적 반응을 보인다. 이로 인하여 오히려 평범한 범위에서 6유형은 자신의 주된 센터인 사고 에너지를 자주 사용하지 않으므로 경험에 대한 분별력과 객관성을 잃게 된다.[28] 이들의 이러한 습관적 패턴을 알아차리기 위한 힘을 기르기 위해서는 제3의 에너지인 사고 에너지를 개발하여 균형을 이루는 것이 중요하다.

종합하면 모든 순응 유형(1, 2, 6유형)은 '사고 에너지'를 미개발된 제3의 에너지로 가진다. 순응형의 사고 에너지 개발과 성장

---

26 Don Richard Riso & Russ Hudson, 『에니어그램의 이해』, 357-358.
27 Don Richard Riso & Russ Hudson, 『에니어그램의 이해』, 339.
28 Don Richard Riso & Russ Hudson, 『에니어그램의 이해』, 348.

은 이들이 성격과 자신을 동일시하는 것을 약화시켜준다. 그러므로 에니어그램 1, 2, 6유형을 위한 영성지도를 함에 있어 영성지도자는 이들의 세 번째 센터 에너지를 개발하는 사고형의 영성 훈련이나 기도를 통해 하나님께 나아갈 수 있도록 인도하는 것이 좋다. 각 유형은 자신의 주된 센터 에너지를 사용하여 습관적으로 손쉽게 했던 기도 방법을 사용하는 것이 익숙하고 편하다. 그러나 자주 사용하지 않았던 제3의 에너지인 사고 에너지를 성장시키는 영성지도와 영성 훈련이 이루어질 때, 균형과 통합을 이루며 영적으로 풍부한 의미를 발견할 수 있게 된다는 것을 알 수 있다.

머리안 코완Marian Cowan은 어거스틴Augustine, 이냐시오 로욜라Ignatius of Loyola, 테레사Theresa의 사고를 이용한 기도 방법을 제시하며 성격유형에 따라 기도의 방법이 다르다는 사실을 알린다.[29] 성격유형에 따른 기도 훈련 방법은 하나님께서 다양하게 허락하신 고유한 영역 안에서 온전한 본성 회복을 이룰 수 있게 한다. 사고 센터의 에너지를 성장시키기 위한 기도는 묵상과 철학적 논증이 결합된 어거스틴 기도가 해당된다. 특히 명상이나 렉시오 디비나 기도 훈련이 여기에 해당된다. 이는 영혼의 동반자이고 안내자, 친밀한 친구가 되는 예수를 만나는 기도의 방법이다. 사고의 에너지를 주로 사용하는 사람들은 습관적으로 시각에 집중하는 것이 익숙하기 때문에 사고를 통한 하나님 경험을 할 수 있다. 순응형

---

29 Marian Cowan · John Carroll Futrell/송형만 옮김, 『은총의 동반자』 (이냐시오 영성연구소, 1997), 21.

(1, 2, 6유형)이 에너지의 불균형으로 인해 주로 감정과 본능으로 만 하나님을 경험했다면, 시각적 집중 영성 훈련을 통해 사고 센터 에너지를 성장시킴으로 온전히 하나님을 만나는 은총을 경험할 수 있게 되는 것이다. 또한 이들을 위한 영성지도는 십자가나 촛불, 만다라와 같은 "성상icons"을 활용하여 시각에 집중하거나 렉시오 디비나처럼 성서에 집중하는 영성 훈련의 방법을 통해 사고 센터 에너지 성장을 기대할 수 있다.

순응형의 영성지도에서 영성지도자가 집중해야 할 것은 다음과 같다. 1유형을 영성지도하는 영적 지도자는 피지도자가 홀로 답을 가지고 있거나 스스로 도덕적 우위성에 있다고 생각하며 도덕적 완벽성으로 자신이나 타인을 통제하려는 습관이 있다는 것에 유의해야 한다.[30] 또한 자기 내면의 비판적 시각을 영성지도자에게 투사할 수 있는 위험성이 있다는 사실에도 주의를 기울여야 한다. 2유형을 영성지도하는 영적 지도자는 이들이 자신보다 타인에게 더 집중하고 자신에게 타인이 의존하게 만들면서 그들을 돕는다는 거짓 겸손과 교만을 거의 인식하지 못하고 있다는 사실을 기억해야 한다.[31] 따라서 이들을 위한 영성지도는 사고를 개발하는 훈련을 하되 이들의 개인적 체험을 스스로 관찰할 수 있도록 돕고 자기의 행동에 직면할 수 있도록 해야 한다.[32] 6유형의 평범

30 Don Richard Riso/권희순 옮김, 『에니어그램의 활용』 (지와 사랑, 2005), 46-51.
31 Don Richard Riso, 『에니어그램의 활용』, 54-59.
32 Suzanne Zuercher/김성웅 옮김, 『에니어그램 동반여정』 (다른우리, 2002), 46.

한 의식발달 수준에서의 모습은 자신이 믿었던 신념이나 사고, 전례, 권위적 제도와 자신을 동일시하고 애착을 보임과 동시에 의심하며 결정을 내리지 못하는 우유부단함을 보인다는 점을 기억해야 한다. 또한 이들이 평범한 의식발달 수준의 가장 하위 수준인 6수준에 이르게 되면, 의심과 불안과 공포가 점점 증폭된다는 점도 유념해야 한다. 게다가 의식발달 수준이 낮아질수록 점점 독단적이 되어 가고, 불공평해지며 권위적인 사람이 될 뿐만 아니라, 경험에 대한 분별력과 객관성을 잃게 되면서 불안전감과 두려움을 크게 느낀다는 사실을 기억해야 한다. 이러한 이유로 6유형의 영성지도에서는 이들의 제3의 에너지인 사고 에너지를 성장시키는 기도 훈련으로 인도하되, 영적 지도자가 이들의 안전한 도피처가 되어 주어야 한다.[33] 안전한 도피처는 6유형의 사람을 의존적인 사람으로 만드는 것이 아니라 이들이 사고의 영역에서 결단의 영역으로 전진할 수 있도록 돕는 기지라는 의미라고 할 수 있다.

2) 공격 유형의 영성지도

에니어그램 공격형 중에 평범한 의식발달 수준의 범위에 있는 7유형의 가장 개발하지 못한 에너지는 감정 센터 에너지이다. 이 범위의 7유형은 자신의 자아와 사고 에너지를 동일시한다.[34] 동

---

33 Suzanne Zuercher, 『에니어그램 동반여정』, 119.
34 Don Richard Riso & Russ Hudson, 『에니어그램의 이해』, 351-352.

일시된 사고 에너지는 본능 에너지와 혼합되면서 쾌락을 추구하
는 욕구가 강화된다. 그래서 이들에게 감정 에너지는 쉽게 잊히고
무시되곤 한다.[35] 이들은 자신의 행동에 집중되어 있어 감정 탐색
을 잘 못 한다. 평범한 의식발달 수준의 범위에 있는 8유형은 자신
의 주된 본능 에너지가 사고 에너지와 혼합되어 있다. 이들의 본
능 에너지는 생에 대한 열정으로 표현된다. 또한 자신의 열정을
표현하기 위해 사고 에너지를 사용함으로 상황에 대한 전략을 짠
다. 이들은 본능적 욕구를 적극적으로 표출하기 위해 끊임없이 사
고한다.[36] 따라서 이들이 사용하지 않는 가장 취약한 에너지는 감
정 에너지가 된다. 마지막 공격 유형인 3유형은 감정 에너지를 주
된 에너지로 가진다. 3유형은 감정 센터의 가운데 자리 잡고 있으
나 자신의 주된 센터 기능에 어려움을 느낀다. 이들의 감정 센터
는 사고나 본능 센터 에너지와 연결되어 있지 않다. 3유형은 본질
적 가치와 정체성의 상실을 보충하기 위해 자신의 주된 센터 에너
지보다 사고와 본능 에너지를 주로 사용한다. 평범한 의식발달 수
준의 범위에서 이들은 감정을 느끼는 동시에 기능하는 것에 어려
움을 느끼기 때문에 습관적으로 감정을 차단한다. 그러므로 자신
의 주된 에너지 사용에 어려움을 느끼게 된다.[37] 평범한 의식발달

---

35 Beatrice Chestnut/이규민 외 2인 옮김, 『완전한 에니어그램』(연경문화사, 2018),
   247-288.
36 Don Richard Riso & Russ Hudson, 『에니어그램의 이해』, 353-354.
37 Don Richard Riso & Russ Hudson, 『에니어그램의 이해』, 341-344.

수준에서의 3유형은 낮은 의식발달 수준으로 떨어질수록 기능하는 것과 자신을 동일시하게 된다.

종합하면, 호니비언 그룹의 공격 유형(7, 8, 3유형)의 세 번째 센터 에너지는 감정 에너지이다. 공격형은 미개발된 감정 센터 에너지를 성장시킬 때 에너지의 균형을 이루어갈 수 있다. 미개발된 감정 센터 에너지로 인해 불균형을 초래하게 되는 공격형(7, 8, 3유형)은 끊임없이 사람들과 연결 짓고, 즉각적으로 행동에 옮기고자 하는 욕구 충동을 느끼기 때문에, 정신적(사고)이거나 신체적(본능)인 부분을 활용하는 영성 훈련의 방법이 오히려 이들의 건강한 영성 형성과 하나님과의 온전한 만남을 방해할 수 있다. 공격형의 영성 훈련 방법은 감정을 통해 경험되는 하나님을 만나는 방법이 효과적이다. 이들에게는 상상과 이미지를 통한 영성 훈련과 지도 방법이 좋다. 특히 이냐시오 묵상은 감정 에너지 성장을 기대할 수 있는 영성 훈련 방법 중 하나이다.[38] 이냐시오 묵상

---

38 야시오 묵상 방법은 마음과 정신을 하나님께 몰두하여 하나님의 현존(現存) 속에서 하느님과 관계된 모든 일에 관해 생각에 잠기는 것을 말한다. 즉 묵상은 '생각만으로 드리는 기도', '정신의 기도'라 할 수 있으며, 지적(知的)인 행위와 의지가 결합되어 있다. 묵상의 주제로는 신앙의 신비들, 신앙의 진리, 예수의 일생, 교회의 가르침, 성서의 내용, 성인(聖人)들의 생애 등이 될 수 있다. 이러한 주제를 깊이 묵상함으로써, 신앙을 보다 깊이 통찰하게 되고 하나님께서 자신에게 원하시는 바를 깨닫게 되어 하느님을 어떻게 사랑해야 할지 알게 되는 것이다. 이냐시오 료욜라 묵상은 영신 수련 40일 과정 중에 2/3를 차지한다. 성 이냐시오 데 로욜라가 그의 영성수련에서 권하는 이 기도 훈련은 공상기도의 한 형태이다. 이 기도방법은 그리스도의 생애 중에서 한 장면을 택해서 마치 그 일이 지금 실제로 일어나고 있는 듯이 그 장면을 다시 체험하는 것이다. St. Ignatius de Loyola/정제천 요한 옮김, 『영신수련』 (이냐시오 영성연구소, 2008), 참고.

은 텍스트를 이미지로 형상화하고 상상하며 그림을 그리듯이 묵상하는 과정이다. 복음서 묵상은 텍스트 상황 안에서 자신의 감정과 만나게 되고 자신의 감정에 직면하면서 그 감정과 이야기할 수 있게 한다. 이 과정을 통해 감정을 풍부하게 느끼고 경험할 수 있다. 또한 이들에게는 감정을 나누고 교류할 수 있는 자선 행위 등이 풍성한 영성 훈련의 방법이 될 수 있다.[39] 이처럼 공격형은 이들의 제3의 에너지인 감정 에너지를 개발함으로 에너지의 균형을 이룰 수 있다.

평범한 의식발달 수준에 있는 공격 유형인 3, 7, 8유형을 영성지도할 때 영적 지도자는 이들이 묵상기도와 같은 비활동적 영성 훈련을 아무것도 하지 않는 것이라고 여길 수 있다는 사실에 유념해야 한다. 예를 들어 7유형을 영성지도함에 있어 영적 지도자는 이 범위에 있는 이들이 생산과 소비의 삶의 균형을 이루기 어려워한다는 사실에 집중해야 한다. 이들은 평범한 의식발달 수준에서 이미 미래에 대한 강한 불안 사고로 인해 즐거움을 찾아 무분별하게 소비하고 이를 반복하는 경향이 있다.[40] 이들은 자신의 불안을 잠재우기 위한 욕구 충동을 채우기 위해서 탐욕스러운 모습을 보인다는 점을 기억해야 한다. 이들의 무분별한 소비로 인해 7유형의 이들은 평범한 의식발달 수준에서 이미 중독과 같은 위험한 병리적 증상을 보이기도 한다. 따라서 영적 지도자는 평범한 의식발

---

39 조옥진, 『성격유형과 그리스도인의 영성』 (생활성서사, 1996), 75-79.
40 Don Richard Riso, 『에니어그램의 활용』, 94-95.

달 수준의 7유형을 영성지도할 때 미래가 아닌 본인이 머물고 있는 '지금 여기'에 집중하고 느끼는 것에 초점을 맞추는 것이 좋다.[41] 또한 7유형을 영성지도함에 있어, 이들이 정서적 차원에서 자기 현실과 영성지도 관계로부터 거리를 두고 있을 수도 있다는 점을 반드시 기억해야 한다.

평범한 의식발달 수준에 있는 8유형을 영성지도할 때 영적 지도자는 이들이 타인에게 통제받을 수 있다는 불안 사고를 가진다는 사실에 유념해야 한다.[42] 이들은 타인으로부터 통제받지 않기 위해 재산을 모으거나 힘을 기른다. 또한 통제받을지도 모른다는 불안을 잠재우기 위해 매사 타인과 경쟁하고 충돌하면서 자신의 힘을 확인하려 든다. 영적 지도자는 8유형이 의식발달 수준이 낮아질수록 본능과 사고 에너지가 혼합되면서 '힘'이 곧 자신이라고 착각하고 있다는 사실에 집중하고 있어야 한다. 이들은 본능과 사고 에너지의 동일시가 강화되면 될수록 자신의 충동과 욕구에 반하는 것에 대해 무자비하게 복수하는 행동을 한다. 본능에 집중되어 있는 이들을 위해서 영적 지도자는 그들이 자신의 가슴속 깊이 들어가 상황을 직시할 수 있도록 도와야 한다. 그렇게 할 때 자신의 감정을 직면하며 에너지의 균형을 이룰 수 있도록 도울 수 있다. 영적 지도자는 8유형의 고유한 영역인 정직함으로 이들과 대면해야 그들의 힘의 논리에서 벗어날 수 있다는 사실을 기억해야

---

41 윤운성, 『에니어그램 명상』 (한국청소년리더십진로교육센터, 2013), 107-113.
42 Don Richard Riso, 『에니어그램의 활용』, 106-107.

한다.43 8유형을 위한 영성지도는 이들이 내면에 있는 어린아이와 만나 그를 인정하고 수용하게 되면서 자기의 감정을 볼 수 있도록 도와야 한다. 또한 모든 정의가 인간적이고 인격적인 상황 속에서 구현된다는 것을 감정의 경험 속에서 느낄 수 있도록 안내해야 한다.

영적 지도자는 평범한 의식발달 수준 범위에서의 3유형이 지위를 획득함으로 자신을 드러내려 한다는 사실에 유념해야 한다. 이들은 지위를 획득하는 데 효율성을 중요하게 여기고 이를 위해 자신의 감정을 배제하며 에너지의 균형을 깨뜨려 심리적 불균형을 이룬다.44 영적 지도자는 이 범위에 있는 3유형이 보이는 이미지에 따라 행동하기 때문에 자신의 감정이나 느낌을 배제함으로써 정서적 공황을 겪을 수 있다는 사실과 이들이 평범한 의식발달 수준의 가장 낮은 발달 수준으로 내려갈 경우, 만들어진 자기 이미지를 과잉 보상하기 위해 나르시시스트적인 모습을 보이게 된다는 것을 기억해야 한다. 또한 이들이 자신이 이상화한 이미지가 본인의 실제에 미치지 못한다는 것이 외부로 드러날 경우 깊은 수치심을 느끼고, 이러한 수치심을 들키지 않기 위해 더욱 자아도취적으로 자신을 방어한다는 사실을 유념해야 한다. 즉 영성지도자는 이들이 성공을 위해 피상적이고 이상화된 허영이라는 함정에

---

43 Don Richard Riso, 『에니어그램의 활용』, 102-109.

44 황인숙, 『몸·마음·영성적 접근법의 에니어그램』 (한국프레이밍연구소, 2013), 237-242.

습관적으로 빠져들어 있다는 사실에 주목해야 한다. 3유형은 자신의 감정을 정직하게 바라봄으로써 균형을 이룰 수 있다.[45] 따라서 평범한 의식발달 수준 범위에 있는 3유형을 위한 영적 지도는 자기 자신까지도 속이는 자신과 대면할 수 있도록 도와주어야 한다. 3유형은 진실한 자신과 대면할 때 감정 에너지가 성장하게 된다.

3) 위축 유형의 영성지도

호니비언 그룹의 위축형인 에니어그램 4, 5, 9유형은 본능 에너지를 제3의 에너지로 가진다. 평범한 의식발달 수준의 범위에 있는 4유형은 자신의 감정 상태를 강화하기 위해서 상상력(사고)을 사용한다. 4유형은 평범한 의식발달 수준의 범위에 있을 때, 감정과 사고의 에너지가 상호작용하게 되면서 '질투'라는 함정에 빠지게 되고, 자신의 결핍을 스스로 부각하면서 의기소침해하고 우울해한다.[46] 이들은 자신의 감정이 부정적일지라도, 자신의 기분과 감정적인 상태를 유지하기 위해서 공상적 사고를 멈추지 않는다. 이로 인해 감정에 매몰된다. 따라서 4유형이 평범한 의식 수준 범위에 있을 때는 본능 에너지를 개발함으로 감정에 치우치지 않고 균형을 이루어 갈 수 있게 된다. 5유형은 주로 고요한 마

---

45 Don Richard Riso, 『에니어그램의 활용』, 62-67.
46 황인숙, 『몸 · 마음 · 영성적 접근법의 에니어그램』(한국프레이밍연구소, 2013), 245-250.

음으로 내적인 인도를 받기 위해 강박적으로 사고한다. 이 수준에서 5유형은 자신의 주된 사고 에너지와 감정 에너지가 상호작용하면서 사고를 더욱 생생하게 만들게 된다. 이들은 실제의 삶보다 자신이 만들어 놓은 세계 속에서 더 현실감 있게 살아가면서 사회적 관계를 개인 침해라고 생각하게 된다. 또한 자신의 두려움에서 해방되지 못하고 점점 깊은 내면세계로 몰두하게 되면서 자기 통제를 잃어간다.[47] 5유형은 이들의 개발하지 못한 제3의 에너지인 본능 에너지를 개발함으로 냉소적이고 방어적인 사고에서 벗어날 수 있는 힘을 얻어 에너지의 균형을 이루어 갈 수 있게 된다. 9유형은 본능 센터를 주된 에너지로 가진다. 그러나 이들의 본능 센터 에너지는 감정 센터 에너지나 사고 센터 에너지와 연결되어 있지 않다. 이들은 본능 에너지의 기능에 어려움을 느낀다. 이들은 내·외부에서 다가오는 의미와 자극을 축소시켜 무게를 느끼지 못하기 때문에 자신의 에너지의 힘을 발휘하지 못하게 된다. 따라서 이들은 자신의 존재와 내적 힘을 통합하기 위해서 타인과 융합하기를 원한다. 그러나 내면 안에서 일어나는 자신의 본능을 표현하면 갈등이 발생할 것이라고 생각하기 때문에 본능 에너지를 사용하지 않는다.[48] 다시 말해 9유형은 타인과 평화롭게 지내고 싶다는 사고와 이를 위해 타인에게 맞추려는 감정 에너지를 사용하기 때문에 본래의 자기 에너지를 사용하지 않는다. 그러므로 9유형

---

47 Don Richard Riso, 『에니어그램의 활용』, 78-83.
48 Don Richard Riso & Russ Hudson, 『에니어그램의 이해』, 355-357.

은 오히려 자신의 주된 에너지인 본능 에너지를 사용해야 사고와 감정과 본능의 무게를 균형 있게 다룰 수 있게 된다.

종합하면 위축형은 감정과 사고 에너지가 서로 상호작용하는 반면에 본능 에너지와는 떨어져 있다. 따라서 몸을 이용한 영성 훈련 방법이 에너지를 개발하고 에너지의 균형을 잡아가는 데 도움이 된다. 예를 들어 몸으로 드리는 기도나 요가, 자연 묵상과 같이 걸으면서 하는 기도 등이 본능 에너지를 성장시키는 좋은 영성 훈련 방법이 될 수 있다.[49] 위축형은 사고하는 수행을 선호하는 경향이 있어서, 본능 에너지를 사용하는 영성 훈련의 방법이 자신에게 도움이 되지 않는다고 생각할 가능성이 있다. 이들은 보편적으로 몸에 대한 태도와 사고가 부정적이다. 그러나 인간의 몸속에는 신성이 내재되어 있다. 따라서 호흡하며 몸을 의식하는 것은 몸을 통한 좋은 영성 훈련이 된다. 성경 본문을 읽고 내용의 일부를 몸으로 조각해 보는 것도 말씀을 구체화하여 경험하는 훌륭한 영성 훈련이 될 수 있다.[50] 또한 피조 세계를 몸으로 느끼며 묵상하는 방법도 본능 에너지를 성장시키는 훌륭한 영성 훈련 방법이 될 수 있을 뿐만 아니라, 걸으며 우리를 둘러싸고 있는 자연 세계를 관찰하는 것으로 기도를 시작할 수도 있다. 이 기도 훈련을 통해 자연을 묵상하며 만물 안에 거룩하게 현존하는 하나님을 인식할 수 있게 된다. 또한 음식을 준비하고 섭취하는 과정이 기도가

---

49 조옥진, 『성격유형과 그리스도인의 영성』, 79-82.
50 Daniel Wolpert/엄성옥 옮김, 『기독교 전통과 영성기도』 (은성, 2005), 158-172.

되기도 한다. 몸을 움직이며 음식을 만들면서 재배한 사람의 수고와 키우신 하나님의 마음을 느낄 수 있다. 또한 음식을 씹는 과정에서 살아 있는 돌봄과 사랑을 느낄 수 있게 된다.[51] 등산하고, 걷고, 뛰는 방법으로 호흡을 가다듬으면서 몸을 의식할 수 있다. 위축형은 이러한 영성 훈련으로 본능 에너지를 성장시킴으로 조금 더 풍성하게 하나님의 현존을 인식하며 경험할 수 있다.

평범함 의식발달 수준 범위에 있는 4유형을 영성지도할 때, 영적 지도자는 이들이 자신의 상상 속에서 많은 일을 벌인다는 사실에 유념해야 한다. 이들은 실제보다 감정 안에서 더 많은 것들을 받아들여 자신의 이상적 자아와 현실의 삶 사이에서의 괴리와 모순을 느낀다. 이들은 평범한 의식발달 수준에서부터 가장 낮은 6수준으로 갈수록 점점 자기감정과 자기 정체성에 몰두하게 되고 과도하게 예민한 모습을 보인다. 또한 무분별해지고 책임감이 없어진다. 이러한 이유로 4유형을 위한 영성지도에 있어 영적 지도자는 함께 머물며 자신의 실제를 바라보고 수용할 수 있도록 도와야 한다. 4유형은 자신의 실제 모습을 직면할 수 있도록 인도받는 것이 에너지 균형을 이루는 데 효과적이다. 영적 지도자는 이들이 자신의 내면 안에서 저속하다고 생각하는 감정이나 신체의 움직임, 신체 활동을 혐오감 없이 받아들이는 경험을 하게 함으로 본능 에너지 개발을 도울 수 있다. 또한 영적 지도자는 이들이 만들

---

51 Daniel Wolpert, 『기독교 전통과 영성기도』, 192-203.

어 놓은 상상 속에 편승하지 않도록 조심해야 한다. 함께 머무는 것과 편승하여 조종당하는 것을 분별할 수 있어야 한다.[52] 이들은 본능 센터 에너지를 성장시킴으로써 에너지의 균형을 이루어 자기 비하와 우울감이 자신의 감정과 상상 속에서 팽창되지 않게 할 수 있다. 4유형은 본능 센터 에너지가 개발될 때, 감정이 사고와 혼재된 자신을 만날 수 있는 힘을 길러 준다.

이 범위에서의 5유형을 영성지도할 때, 영적 지도자는 이들이 타인과 분리되어 자신의 개념 안으로 숨어들어간다는 사실에 유념해야 한다. 영적 지도자는 이들이 불확실함에서 오는 불안과 두려움을 경험하고 있다는 사실을 먼저 인식할 필요가 있을 뿐만 아니라, 감정적으로 인색하다는 함정에 빠져 있다는 사실을 기억해야 한다. 이들은 자기 안에 이러한 두려움으로 인해 타인과의 교류의 필요성을 느끼지 못하고 타인과의 감정의 연결고리를 끊어 낸다. 영적 지도자는 이들의 특징인 감정의 인색함으로 인한 타인과 거리를 두는 모습이 영적 지도자와의 관계에서 나타나지 않는지 분별할 수 있어야 한다. 이들은 본능 센터 에너지를 성장시킴으로 지식에 대한 탐욕에서 벗어나 자신의 개념 안에서 나올 수 있는 힘을 기를 수 있게 된다. 5유형은 관계 안에서 현실과의 연결고리를 만들어가야 에너지의 균형을 이루고 온전성을 회복할 수 있게 된다.[53] 따라서 영성지도에서 영적 지도자가 경청하고 인내

---

52 Zuercher Suzanne, 『에니어그램 동반여정』, 62.
53 Zuercher Suzanne, 『에니어그램 동반여정』, 111-113.

하며. 5유형과 함께하고 머무는 과정은 이들이 균형을 이루는 데 도움이 된다.

9유형을 영성지도할 때, 영적 지도자는 이들이 내면의 자주성을 고집하면서도 좀처럼 움직이려 하지 않는 수동공격성을 드러낸다는 사실에 유념해야 한다. 또한 자신의 감정과 자신을 분리시켜 스스로 무감각한 상태로 만들어 버린다는 사실을 기억해야 한다. 앞에서 언급한 대로 이들은 자신을 과소평가하는 데다가 무기력과 나태라는 수동공격성을 사용함으로써 자신의 주 에너지인 본능 에너지를 발휘하지 못한다. 9유형의 본능 센터 에너지를 성장시키는 방법은 직접적인 행동 실천과 실질적 관계 훈련을 통하여 수동공격에서 벗어날 수 있다. 9유형을 위한 영성지도는 자기 감정과 자신을 분리하면서 무감각하게 만드는 무기력함이라는 함정이 본인에게 있다는 사실을 인식할 수 있도록 돕는 방법이 된다. 또한 영적 지도자는 이들이 선택과 결정을 지어야 할 상황에서 우유부단한 면이 있다는 점을 기억해야 한다. 이들에게 있어 본능 에너지를 성장시키고 균형을 이루는 길은 스스로 책임감을 가지고, 자신을 믿고, 열정을 가지며, 선택하고 실행해 나가는 것이 된다. 특히 9유형에게 있어 의식 성찰은 일상에서 함께 활동하시는 하나님을 경험할 수 있는 좋은 훈련 방법이 될 수 있다. 또한 걷는 기도는 걸을 길을 미리 선택하고 시간을 정하여 천천히 걷기 시작하며, 발의 움직임에 주목하게 한다. 이것은 자신을 인식하고, 하나님께 우리의 자아를 개방할 수 있는 훈련 방법이 된다. 물리적

공간을 천천히 움직일 때, 우리의 영적인 공간이 열리고 사고와
감정이 움직여 균형을 이루어 가게 된다.[54]

평범한 의식발달 수준 범위에서는 제3의 에너지를 개발함으
로 에너지의 균형과 통합을 이룰 수 있는 영성지도를 통해 의식발
달과 영적 성장을 기대할 수 있다. 에니어그램 세 가지 에너지의
균형을 이루는 통합은 인간을 무한한 하나님의 사랑 안으로 인도
한다. 이미 언급했듯이 평범한 의식발달 수준에서 충격지점을 넘
어 의식발달이 성장하기 위해서는 지속적이고 극한 상황 속에서
'끈기 있는 특별한 의도'가 필요하다.[55] '끈기 있는 특별한 의도'란
지속적이고 적극적이며, 구체적이고 정기적인 영성지도 과정이
라고 할 수 있다. 이 과정을 통해 더 높은 차원의 의식발달로 인한
영적 성장을 기대할 수 있게 된다. 그리고 영적 성장을 위해서는
이제껏 등한시해왔던 세 번째 에너지를 개발하는 것이 무엇보다
중요하다. 세 번째 에너지 성장은 자신과 성격과의 동일시에서 벗
어날 수 있는 힘을 얻게 한다. 이것은 에너지의 균형을 이룰 수 있
도록 돕는다. 이러한 세 센터 에너지 균형은 놀라운 영적인 차원
으로 인도한다.

수잔 버클리Suzanne M. Buckley는 그의 책 『영적 지도와 영적 여정』
에서 사람은 사는 동안 모두 '짐baggage'을 지고 있다고 말한다.[56]

---

54 Daniel Wolpert, 『기독교 전통과 영성기도』, 184.
55 Don Richard Riso & Russ Hudson, 『에니어그램의 이해』, 335.
56 권희순은 Suzanne Zuercher의 책 『영적 지도와 동반여정』에서 'baggage'를 '혹'으

'짐'을 마주한다는 것은 자신을 대면하여 수용하는 것이 될 수 있다. 자신을 직면하는 순간 인간은 자신을 초월할 수 있게 된다. 영성지도 과정은 이렇게 피지도자가 용감하고 명확하게 자신을 바라보며 볼 수 있도록 돕는 과정이라 볼 수 있다.[57] 그리고 세 가지 에너지가 균형을 이룰 때 모두가 지니고 있는 '짐'을 알아차리고 인식할 수 있는 힘을 기르게 된다. 이 과정에서 자아는 초월할 수 있고, 의식의 하위 발달 수준에서 상위 발달 수준까지 연결되어 있는 하나의 존재라는 사실을 알게 될 것이다. 인간이 지닌 아픔과 고통의 '혹baggage'은 인간의 참 본성을 회복할 때 비상하는 날개가 되고 통로가 된다.[58]

3. 건강하지 않은 의식발달 수준에서 영성지도

영성지도는 피지도자가 하나님께 집중할 수 있도록 돕는다. 또한 영성지도 과정에서 하나님과의 진실한 만남을 통해, 하나님과 사귀며 사랑을 나눌 수 있도록 한다.[59] 윌리엄 베리William Barry나 윌리엄 코놀리William Connolly에 따르면 영성지도는 "그 사람으로

로 번역했다. 그러나 연구자는 인간 누구나 짊어지고 가는 '짐'으로 해석하고자 한다.

57 Suzanne Zuercher, 『영적 지도와 동반여정』, 158.

58 여기에서 '혹'은 수잔 주에르케르가 언급한 모든 인간이 지닌 '짐'과 유사한 의미로 사용된다.

59 Jeannette A. Bakke/최승기 옮김, 『거룩한 초대』 (은성, 2007), 45-55.

하여금 하나님과 개인적으로 대화하는 데 집중할 수 있도록, 개인적인 하나님과의 대화에 응답할 수 있도록 그리고 하나님과의 교제를 통해 얻어진 결과로 살아갈 수 있도록 하기 위해 다른 이에게 주어진 방법"이다.[60] 영성지도에서 영적 지도자와 피지도자의 상호적 관계를 표현하는데 케네스 리치Kenneth Leech는 그의 책『영성과 목회』에서 영성지도를 '그리스도 안에서 갖는 우정 관계'라고 표현한다.[61] 이러한 점에서 영성지도는 적극적이고 친밀한 '목회적 돌봄'이라고 볼 수 있다. 이처럼 건강하지 않은 의식발달 수준에서의 영성지도는 영성지도자와 피지도자가 그리스도 안에서의 우정 관계를 맺고, 이 과정에서 적극적이고 전문적인 목회적 돌봄이 이루어지는 것이라고 할 수 있다.

앞에서 언급했듯이 에니어그램의 건강하지 않은 의식발달 수준에서는 에니어그램 유형별로 정신장애 진단 및 통계 편람에 기록된 정신 병리적인 증상을 찾아볼 수 있다. 그렇다고 해서 영성지도자에게 반드시 정신 병리학에 대한 전문적인 진단이 요구되는 것은 아니다. 하지만 건강하지 않은 의식발달 수준 범위에 있는 이들을 영성지도하는 영성지도자는 이들의 병리적인 증상의 여부에 대해 분별할 줄 알아야 한다. 왜냐하면 건강하지 않은 의식발달 수준에서 병리적 증상을 보이는 이들을 심리 치료사나 정신과 의사에게 위탁하는 것이 바람직하기 때문이다. 그렇다고 해

---

60 William A. Barry & William J. Connolly, 『영적 지도의 실제』, 151.
61 Kenneth Leech/최승기 옮김, 『영성과 목회』 (한국장로교회출판사, 2000), 57-63.

서 심리 치료나 정신과 치료가 건강하지 않은 의식발달 수준 범위에 있는 이들을 위한 유일한 목회적 돌봄은 아니다. 전문적 치료가 선행되어야 하겠지만 심리 치료나 정신과 치료 후에만 하나님과의 대화가 가능하다는 논리는 병리적 치료와 영성지도와의 분열된 관점을 조장하고, 하나님의 역사와 개입을 폄하하는 것이다. 또한 영성지도 전과정에서 있어 정신 역동에만 집중하는 것은 궁극적 실재와의 대면을 방해하는 것이 될 수도 있다. 왜냐하면 메이Gerald G. May에 따르면 병리적 증상에만 초점을 맞추는 것은 일종의 정신적 호기심에 멈출 위험이 있기 때문이다.62

이 수준에서의 영성지도 역시 에너지의 균형을 이루는 과정에서 온전성을 회복하는 것이 될 수 있다. 따라서 영성지도자는 피지도자의 기본적인 성격 이해와 정신의학적 이해를 통한 진단과 범주를 숙지하고 있어야 더 적극적으로 도울 수 있다. 영성지도에 있어서 분별은 하나님께서 주신 은사이다. '분별discernment'은 진단과 달리 성향을 구별함으로써 '하나님께로 향한' 방향으로 나아갈 수 있게 한다. 그러나 '진단diagnosis'이란 지식을 통해 구별 짓는 것으로 질병을 바로잡기 위해서 명명된 것이다. 영성지도는 하나님과 영성지도자 그리고 피지도자와의 관계에서 이루어진다. 따라서 영성지도에서는 관계 안에서 질병의 분류보다 하나님께로 향하는 방향성이 더 중요하겠다고 하겠다.

---

62 Gerald G. May, 『영성지도와 상담』, 185-187.

이러한 분별에서도 물론 이성과 지식은 강조된다. 분명 생각이나 감정 그리고 기분과 같은 심리적 현상들은 뇌가 반응하는 화학 물질에 의해 중재되거나 주어진 약물에 강한 영향을 받는다.[63] 그러나 이러한 심리적인 현상들이 반드시 화학 물질에 의해서 영향을 받거나 반응하는 것만은 아니다. 건강하지 않은 의식발달 수준에 머물러 있으면서 정신 병리적인 증상을 가지고 있는 어떤 개인의 경우에 있어서 영성지도는 상담이나 정신의학적인 전문가의 도움이 있을 때 목회적 돌봄의 영향력이 넓어진다고 할 수 있다.[64]

건강하지 않은 의식발달 수준 범위에 있는 이들의 영적 발달은 제니아의 영적 발달이론의 첫 번째 단계인 '자기중심적 신앙'에서 찾아볼 수 있다.[65] 이 단계의 개인들은 자기 자신에게 집중되어 있어 외부로 시선을 옮기기 힘들다. 이러한 모습은 에릭슨 이론의 낮은 단계의 모습과 윌버 이론의 낮은 의식발달에서의 모습과도 유사하다. 건강하지 않은 의식발달 수준에 머물러 있는 사람은 '나는 누구인가'라는 질문에 대한 내면에 새겨진 저항이 있다.[66] 이 수준에 머물러 있는 이들은 대부분 성격 형성 초기에 유전적, 육체적, 경험적 요인들에 의해 부정적인 영향을 받아 왔다.[67] 이러

---

63 Gerald G. May, 『영성지도와 상담』, 187-193.

64 Suzanne M. Buckley, 『영적 지도와 영적 여정』, 131-132.

65 Vicky Genia, 『영적 발달과 심리 치료』, 55-83.

66 William A. Barry & William J. Connoly, 『영적 지도의 실제』, 146-153.

67 김주영·김세곤, "유아기 어머니 에니어그램 성격유형에 따른 양육감정에 관한 연구", 「한국가족복지학」 19 (2014), 573-598.

한 이유로 이들은 내면의 소리를 듣는 것에 무의식적 저항이 있어 내면을 향한 영적 갈급함을 추구하는 목소리를 듣기 어렵다고 할 수 있다. 이들은 그저 주어진 삶에 만족하는 편이다. 이러한 모습은 삶의 만족도를 평가하는 연구에서도 드러난다. 박현경과 권은지의 연구에서 보면, 건강하지 않은 의식발달 수준의 사람이 평범한 의식발달 수준에 머물러 있는 사람보다 삶의 만족도가 높다.[68] 이들의 삶의 만족도란 삶 전반에 관한 직접적인 통찰이 되지 못한 것이다. 따라서 깊은 자기 인식을 위해서는 보통 극적인 사건이나 성찰, 지속적인 영성 훈련과 지도가 요구된다. 그러므로 건강하지 않은 의식발달 수준에 머물러 있는 경우에는 내면의 성숙을 위한 갈망을 기대하기 어렵고, 지속적인 영성 훈련을 이루어가기 힘들다.

　한편 인간은 건강하지 않은 의식발달 수준에 있을 때, 사고와 본능과 감정 에너지가 모두 왜곡된다. 예를 들어, 이 수준에 머물러 있는 1유형은 본능과 감정의 에너지가 혼합되어 사고 에너지를 지배하기 때문에 비이성적이고 강박적인 사고와 행동과 같은 경직된 모습을 보이게 된다. 비록 뚜렷한 강박 증상은 평범한 의식발달 수준 중 최하위 발달 수준인 6수준부터 드러나지만, 점점 의식발달 수준이 떨어져 8수준에 이르게 되면 극심한 억압으로 인해 심각한 왜곡이 야기되어 이들은 점점 자기 통제의 힘을 잃어가고 자신의 감정을 부인할 뿐만 아니라 왜곡하게 되며 점점 자기

68 박현경 · 권은지, "에니어그램과 정신건강 ― 만성질환자의 에니어그램 성격유형, 의식(발달)수준, 통합과 분열 및 삶의 만족도의 관계를 중심으로", 189-213.

가 없어지면서 정상적인 기능이 마비된다.

　건강하지 않은 의식발달 수준에서의 1유형에서 드러난 행동은 강박적 사고나 행위의 특정 순서와 유형을 만들고, 그것을 엄격히 지킨다. 이러한 모습은 많은 종교적 훈련과 비슷한 모습을 보인다. 그러므로 이들을 영성지도를 하는 영성지도자에게 반복적이고 의식적인 형태(기도 의식, 묵주나 만트라를 이용한 묵상 등에 사용)의 종교적 훈련과 강박적 행동과의 사이에서의 분별이 요구된다. 즉 종교적 훈련은 자기 의지의 개입이나 통제가 가능하지만, 강박적 행동과 사고는 이것이 어렵다. 통제의 문제는 강박 장애로 고통받는 사람들에게 중요한 주제이다. 따라서 영성지도자는 건강하지 않은 의식발달 수준에 있는 이들이 긴장을 풀고 영성지도자에게 수용 받는 경험을 하는 것이 중요하다는 사실을 기억해야 한다. 이를 위해서는 심리 치료에 위탁하거나 항우울제 투약의 병행을 권고하는 것이 좋다. 이들은 통제를 포기하는 것에 대한 엄청난 두려움을 가지고 있기 때문에 영성지도자는 이들이 아주 조그만 영적 포기에도 큰 어려움을 느낄 것이라는 사실을 기억하고 있어야 한다.[69]

　건강하지 않은 의식발달 수준에 있는 2유형과 3유형, 7유형은 히스테리성 성격장애로 고통받는 경우가 많다. 그러나 돌출되는 증상이 비슷하더라도 취약성에서 차이를 보인다. 2유형은 감정과

69　Gerald G. May, 『영성지도와 상담』, 207-208.

본능 에너지의 혼합으로 인해 사고 에너지의 왜곡을 가져온다면, 3유형과 7유형은 사고와 본능의 혼합 영향으로 인해 감정에너지가 왜곡된다. 반면 2, 3, 7유형의 공통의 특징은 이들 모두 물질 남용의 장애를 겪을 가능성이 많다는 점이다. 2유형이 7수준 상태에 이르면 자기와 타인을 기만하고 타인을 조정하려 든다.[70] 영성 지도자는 이들이 스스로 최고의 친구가 되고 싶어 하지만 사실상 최악의 적이 된다는 사실을 염두에 두어야 한다. 또한 사랑을 갈구하지만, 사랑을 느끼지 못하고 속임수로 다른 사람들을 조정하려 든다거나 타인에게 아무런 도움이 되지 않는 행동을 멈출 수 없게 된다는 사실을 염두에 두어야 한다. 특히 건강하지 않은 의식발달 수준에 있는 이들이 타인으로부터 인정받고 보상받고자 하지만 충족 받지 못하고 자신의 정신적 괴로움을 신체화시켜 동정심을 사랑으로 대신한다는 특징을 가진다는 사실에도 집중해야 한다. 이들은 이러한 과정에서 중독에 빠질 위험이 높다. 게다가 이들이 8수준이 되면서 더욱 히스테리적으로 되고 분별력이 없어지기 때문에 그 위험성은 더 높아진다.

건강하지 않은 의식발달 수준 범위에 있는 3유형은 감정 기능이 억압되어 제 기능을 하지 못한다. 게다가 본능 센터가 균형을 잃으면서 자기를 놓치고 약물을 남용하는 위험성에 이르게 될 위험성이 있다.[71] 또한 이 수준 범위에 있는 7유형은 히스테리성 반

---

70 Don Richard Riso & Russ Hudson, 『에니어그램 성격유형』, 200.
71 Don Richard Riso & Russ Hudson, 『에니어그램의 이해』, 343.

응, 과잉 행동과 과잉 감정으로 인한 중독에 빠지기 쉽다는 특징이 있다. 약물에 대한 의존과 중독은 치료가 상당히 어렵다. 중독이란 아주 강력한 '행동 조건화 과정'에 빠지게 하기 때문에 점점 동기를 잃어버리고 상황을 변화시킬 능력을 상실하게 만든다.[72] 중독에 빠지게 되면 이들의 육체는 점점 피폐해져 간다. 이 수준에 있는 이들은 극단에까지 내려가야만 변화의 가능성을 엿볼 수 있다. 더욱이 이들은 외부의 적극적 도움 없이는 변화가 어렵다. 이러한 이유로 영성지도자는 이들을 위해서는 전문가의 도움을 통한 심리 치료가 선행되어야 한다는 사실을 기억해야 한다.[73] 이들에게 영성지도는 건강한 육체의 회복, 즉 중독에서 해방되는 것에서부터 시작된다고 할 수 있다.

건강하지 않은 의식발달 수준의 범위에 있는 4유형에게서는 주로 우울 장애가 나타난다. 4유형의 우울은 평범한 의식발달 수준에서부터 나타나는데, 건강하지 않은 의식발달 수준인 7수준에 이르면 극명해진다. 영성지도자는 4유형의 이들이 7수준에 이르면, 자신만은 항상 무엇에서든지 예외라고 생각하며, 자기만족에 사로잡혀 있는 동시에 자신의 희망과 꿈, 정체성을 잃어버릴지 모른다는 공포감에 사로잡혀 있다는 사실을 기억해야 한다. 이로 인하여 4유형이 건강하지 않은 발달 수준에 있을 때는 이러한 양가적인 사고 속에서 타인과의 관계를 힘들어하고, 자신이 타인보다

---

72 원호택, 『이상심리학』 (법문사, 1997), 383-385.
73 Gerald G. May, 『영성지도와 상담』, 195-97.

뒤떨어진다는 생각에 자신을 비하하며, 깊은 우울에 빠진다는 것 또한 기억해야 한다. 이들은 8수준에 이르러서는 병리적으로 자기 비하에 빠지며 격렬하게 자신을 비하하게 된다. 게다가 자신을 부정하면서 이를 극복하지 못하게 되면 끝내 자살을 선택하기도 한다.[74] 영성지도자는 이들이 깊은 자기 파괴적 사고와 행동의 가능성이 있다는 사실을 염두에 두어야 한다.

건강하지 않은 의식발달 수준 범위에 있는 5유형은 분열성 성격장애로 고통받을 확률이 높다. 건강하지 않은 의식발달 범위에 있는 이들은 감정으로 인해 고조된 사고가 더욱 강화되고 결국 본능 센터의 균형을 완전히 잃게 된다.[75] 이로 인해 세 센터가 모두 왜곡된다. 따라서 5유형이 7수준에 이르면 기초적인 일상의 삶을 유지하기 힘들다. 이들은 외부 세계와 무관한 증오에 찬 침묵에 빠져 병리적인 모습을 나타낸다. 8수준에서는 일상적 사고와 식별이 힘들어진다. 그뿐만 아니라 현실 왜곡으로 두려움의 공포가 심해져 무력감에 빠지게 된다. 이 수준에서는 환각과 환청과 같은 망상적 사고에 시달리는 결과로 수면장애를 겪게 된다. 또한 왜곡된 사고에 집착하고 이 집착이 증폭된다. 9수준에 이르러서는 극단적인 분열된 양상을 보인다.[76] 영성지도자는 분열성 성격장애로 고통받는 이들이 종종 종교적인 환각이나 망상 또는 집착적인

---

74 Don Richard Riso & Russ Hudson, 『에니어그램 성격유형』, 172-193.
75 Don Richard Riso & Russ Hudson, 『에니어그램의 이해』, 347.
76 Don Richard Riso & Russ Hudson, 『에니어그램 성격유형』, 213-241.

모습을 보인다는 사실을 알고 있어야 한다. 이들에게 나타날 수 있는 과대망상 중 하나는 자신이 하나님이나 예수님으로부터 보냄을 받는 사자라고 여길 수 있다는 점이다. 따라서 이들을 영성지도하면서 영성지도자에게 영적 체험과 분열성 망상을 구별할 수 있는 정신의학적 지식과 영적 분별력이 요구된다. 분열성 성격장애는 약물과 지지 치료를 통해 신속한 증상 완화를 가져올 수 있다.[77] 이들을 위한 영성지도는 약물 치료와 목회 상담적 치료가 동반되어야 한다. 약물 치료와 함께 하는 목회 상담을 통해서 영성지도자는 이 유형의 개인들이 방어가 약해진 결과 무의식적 내용이 지나치게 표출되는 일상 안에서 겪는 과제나 스트레스를 잘 다룰 수 있도록 도울 수 있어야 한다. 또한 이를 통해 사고 구조를 재형성할 수 있도록 도울 수 있어야 한다.

6유형은 이들이 건강하지 않은 의식발달 수준의 8수준에 이르러서 편집성 성격장애 모습을 보인다. 영성지도자는 이들이 8수준에 이르면, 실재를 왜곡하게 되어 가중된 불안감을 느끼고 이러한 불안에서 벗어나기 위해 공격성을 드러내며 과잉 행동을 하게 된다는 사실을 염두에 두어야 한다.[78] 건강하지 않은 의식발달 수준 범위에 있는 이들은 주변을 의심하고 과도하게 주의를 경계하며, 모든 것이 자신을 해롭게 한다고 여길 확률이 높다. 이로 인하여 모든 것이 자신을 공격할 것이라는 지나친 편집증적 망상에 빠

---

77 Gerald G. May, 『영성지도와 상담』, 197-202.

78 Don Richard Riso & Russ Hudson, 『에니어그램 성격유형』, 264-289.

지게 된다. 이들의 망상은 일반적인 사고의 통제와 다르다. 이들의 망상은 자신이 타인의 모략에 빠졌다든지 핍박을 당하고 있다고 믿는다는 종류의 망상이다.[79] 영성지도자는 불안에서 기인한 이들의 편집증적 망상이 건강하지 않은 의식발달 수준에 있는 5유형이 주로 겪는 기괴한 분열적 망상과 차이가 있다는 것을 인지해야 한다. 왜냐하면 이 둘의 증상이 비슷하다고 하더라도 유형들이 가지고 있는 함정이 다르기 때문이다. 이들을 위한 목회적 돌봄에는 약물과 같은 의학적 도구 사용이 도움이 될 수 있다.[80] 이들을 위한 영성지도에는 전문가를 통한 약물 치료와 목회 상담을 통한 심리 치료가 병행되어야 한다.

7유형이 건강하지 않은 의식발달 수준에 이르면 감정 센터에서 조증의 증상이 발생한다. 또한 앞에서 잠시 언급했듯이 7유형은 히스테리성 성격장애에서 보이는 중독과 같은 모습이 보이기도 한다. 특히 이들이 건강하지 않은 의식발달 수준 범위에 있을 때, 한없이 무기력해지면서 심한 우울감에 빠지게 된다는 사실을 기억해야 한다. 이들의 증상은 8수준에 이르러서 충동적 조증의 모습으로 악화된다. 의식발달 수준이 더욱 낮아져 9수준에 이르게 되면, 이들은 히스테리적 공황 상태에 빠져 스스로 감당하지 못하는 불안에 잠식된다. 급기야 이들은 자신을 한계치까지 몰아 신체적 손상을 입히기도 한다.[81] 영성지도자는 이들이 내면의 자

---

79 Ronald J. Comer/오경자 외, 『이상심리학』 (시그마프레스, 2017), 452-454.
80 Gerald G. May, 『영성지도와 상담』, 202.

기 자신과 대면하기 힘들어할 뿐만 아니라 불안 때문에 자신을 파괴하기도 한다는 사실을 기억해야 한다. 조증이나 우울증은 모두 망상을 동반할 수 있고, 심한 망상은 자살 충동을 일으키게 한다. 그러나 이들이 보이는 망상은 분열성 성격장애에서 보이는 망상과는 차이가 있다. 분열성 성격장애에서 보이는 망상은 사고통제가 되지 않는 반면 이들에게서 보이는 망상은 사고의 붕괴가 일어나지는 않는다. 따라서 7유형을 위한 영성지도에서 망상의 분별은 반드시 필요하다. 조증과 우울증으로 고생하는 사람은 망상의 사고가 지속적이지 않기 때문에 심리 치료를 통한 목회적 돌봄이 효과적이다. 그러나 목회적 돌봄을 통한 심리 치료와 함께 항우울제와 같은 약물 사용을 동반하는 것이 더 효과적이라고 할 수 있다.[82]

건강하지 않은 의식발달 수준에서 8유형은 반사회적 성격장애의 모습을 보인다. 그리고 9유형은 의존성 성격장애를 보인다. 이 수준에서 두 유형은 타인과의 관계에서나 사회생활 속에서의 기능에 심각한 어려움이 있다. 8유형에서 보이는 반사회적 장애는 능동 공격성을 나타내고 9유형에서 보이는 의존성은 수동공격성을 보인다.[83] 따라서 영적 지도자는 이 두 유형을 위한 영성지도에서 이들 스스로 자기 행동의 결과를 볼 수 있도록 도우며, 습관적인 행동을 변화시키려는 능동적 노력을 할 수 있도록 조력해야

81 Don Richard Riso & Russ Hudson, 『에니어그램 성격유형』, 309-330.
82 Gerald G. May, 『영성지도와 상담』, 202-205.
83 Ronald J. Comer, 『이상심리학』, 459-480.

한다. 또한 영성지도자는 이들이 스스로 지속적인 동기부여하는 것을 힘들어하고 자신의 행동 변화에 대한 책임을 회피하려는 경향이 있다는 사실도 유념해야 한다.[84]

이상에서 보듯이 건강하지 않은 의식발달 수준에 머물러 있는 이들을 위한 영성지도는 무엇보다 분별이 중요하다는 사실을 알 수 있다. 그러나 정신의학적 진단이든 영적인 함정의 분별이든 그것을 무분별하게 남용해서는 안 된다. 우리는 이러한 것들이 존엄한 인간 존재를 담고 있는 신의 영역을 축소할 가능성이 있다는 점을 기억해야 한다. 다만 조금 더 효과적인 목회적 돌봄을 위해서 정신의학적 진단과 영적 분별은 중요한 것이다. 왜곡된 세 가지 에너지의 균형을 통한 온전한 인간으로 회복을 위해서는 진단에 앞서 정서적이고 친밀한 목회적 돌봄이 필요하다.

---

84 Gerald G. May, 『영성지도와 상담』, 214-215.

나 가 며
자기 초월을 향하여

지금까지 필자는 에니어그램 유형별 의식 수준과 영성지도의 관계를 탐색함에 있어 에니어그램 유형별 의식 수준에 따른 영성지도의 방향을 제시하였다.

이를 위해 에니어그램 역사와 기원이 기독교 전통 안에 있음을 살펴보았고, 이에 따라 에니어그램이 영성지도의 한 방편으로 사용되어왔음을 확인하였다. 나아가 에니어그램이 인간의 성격유형을 알아보기 위한 심리적 도구에 그치는 것이 아니라, 절대자가 창조한 본뜻에 따라 자신의 온전한 본성을 찾고 회복하는 중요한 도구 중 하나라는 사실을 알 수 있었다. 에니어그램은 수평적 의미의 성격유형 속에서 자동적 패턴 안에 갇혀 지내는, 자신의 본래의 모습을 잊고 사는 이들의 특징을 보여주었고, 이를 바탕으로 한 본성 회복의 길을 제시해 주었다. 그럼에도 불구하고 에니어그램을 통한 영성지도는 모든 사람에게 효과적인 영향력을 미치는 것이 아니라는 한계도 드러냈다. 따라서 지금까지 에니어그램의 수평적 성격유형을 통한 영성지도 접근 방법이 제한적이라는 사실을 확인하였다. 기존의 에니어그램을 이용한 영성지도에 관한 연구들은 인간이 자신의 주된 한 가지 에너지만을 주로 사용함으로 불균형이 초래되었고, 이러한 에너지의 불균형이 자기 성격과의 동일시에서 벗어나는 데 큰 걸림돌이 된다는 사실을 발견하였다. 이에 따라 필자는 아직 개발되지 못한 제3의 에너지를 개발함으로 기본 에너지의 균형을 이룰 수 있는 방법을 제시하였다. 또한 필자는 에너지 균형이 자기 성격과의 동일시에서 벗어날 수 있도록 돕고, 자신이 습관적으로 사용하는 주된 에너지와 그 에너지 안에 있는 함정을 인식할 수 있게 함으로 전인격적인 통합을 이루게 한다는 점을 확인하였다. 이러한 사실은 의식발달 수준을 성장시키는 것이 인간의 진정한 본성 회복을 도울 뿐 아니라 전인성과 통합된 자기 초월로 성장해 갈 수 있는 방향과 필요성을 확인시켜 주었다는 것을 알 수 있었다.

필자는 특히 구르지예프와 리소의 이론을 통해 에니어그램 의식 상태와 의식발달 수준을 고찰한 결과, 인간은 의식발달 과정에서 변형을 이루고, 각각의 의식발달 수준이 자기 성격과 동일시되는 정도에 따라 다른 현상학적 특징을 가지고 있음을 확인하였다. 이러한 사실은 인간의 의식 상태가 발달의 개념을 포함하고 있을 뿐 아니라 의식발달 과정에서 변형된 인간의 모습 안에서도 발달의 개념을 포함하고 있다는 사실을 전제하고 있다. 의식발달 수준은 어느 한 부분에 고착되어 있는 것이 아니라 나선형의 형태로 하강과 상승을 반복하면서 이동한다. 그리고 의식발달 수준의 이동 원인은 자신과 성격의 동일시 여부 정도에 있다. 이러한 고찰 결과 리소의 의식발달 수준은 9수준으로 나뉘고, 나눠진 9수준이 다시 세 부류로 분류됨을 알 수 있었다.

1의식발달 수준에서 3의식발달 수준은 건강한 의식발달 수준으로 기본 에너지가 균형을 이루고 있다는 것을 알 수 있었다. 4의식발달 수준에서 6의식발달 수준은 평범한 의식발달 수준으로 각각 개발되지 못한 제3의 에너지를 가지고 있어 불균형을 초래하고 있다는 것을 이해할 수 있었다. 또한 필자는 평범한 의식발달 수준에서 호니비언 그룹의 에니어그램 의존형, 위축형 그리고 공격형에 따라 제3의 에너지가 다르다는 것에 집중하여 에너지의 균형과 통합을 이루기 위해서는 유형별로 각기 다른 방법이 요구된다는 점을 주장하였다. 마지막 7의식발달 수준에서 9의식발달 수준은 건강하지 않은 의식발달 수준으로 기본 세 가지 에너지가 모두 제 기능을 하지 못하고 왜곡되어 있다는 사실을 이해함으로 균형을 이루기 위한 방법에서 평범한 의식발달 수준과는 또 다른 차별화를 두어야 한다는 점을 확인하였다. 필자는 인간은 의식발달 수준이 상승할수록 자기 성격과의 동일시로 인하여 생긴 팽창된 자아를 인식할 수 있는 자아의 능력이 생기고, 궁극적 존재를 향해 기꺼이 나아가고자 하는 마음으로 자기를 내려놓음으로써 자기 초월을 이룰 수 있다는 점을 강조하였다. 이렇게 본 필자는 의식발달 수준에 따라 차별화된 영성지도의 필요성을 설명하는 에니어그램이 목회 현장에서 적극적인 목회적 돌봄과 대부분 사람에게 효과적인 영성지도의 방향을 제시해 주는 훌륭한 도구 중 하나임을 확인하였다.

이상의 연구를 바탕으로 볼 때 인간의 의식발달은 에릭슨의 심리사회발달이론과 윌버의 AQAL 이론에 입각하여 발달과 밀접한 연관성이 있음을 확인하였다. 에릭슨의 심리사회발달이론에서 각 발달 시기에 따라 가지는 독특한 위기와 자아 특질 획득 사이에 균형을 이루지 못하면 건강한 발달을 만들지 못한다고 본 것과 같이, 한 개인 안에서 에너지의 균형을 이루지 못하면 의식발달 수준이 하강한다는 사실을 확인할 수 있었다. 특히 에릭슨의 심리사회발달이론에서 초기 단계에 균형을 이루지 못한 것이 에니어그램에서 언급하는 건강하지 않은 의식발달 수준에 머무르는 데 상당한 영향을 주고 있다는 사실을 확인할 수 있었다. 이것은 각 단계의 과정에서 균형을 이루지 못했을 때, 발생하는 부정적 자극이 개인의 의식발달 수준을 떨어뜨리는 데 지대한 영향을 주고 있다는 사실을 입증해 준다. 또한 윌버의 이론을 통해 의식발달의 수평적이고 수직적인 통합이 개인의 전인격적인 성장과 발전을 수반하고, 진정한 의식발달 수준의 성장 가능성을 열어 놓는다는 사실을 확인하였다.

또한 에니어그램 의식발달 수준과 이상심리학異常心理學, abnormal psychology과의 관계성을 고찰한 결과 인간은 건강하지 않은 의식발달 수준으로 하강할수록 성격과의 동일시가 강화되어 성격장애의 모습을 나타낸다는 것을 확인하였다. 앞선 연구 결과에 따라 에니어그램의 모든 유형은 건강하지 않은 의식발달 수준으로 갈수록 각기 다르지만 다양한 성격장애 모습을 보인다는 공통점을 확인하였다. 반면 에니어그램 유형별로 두드러지게 나타나는 성격장애 모습에 차이가 있다는 점도 확인하였다. 필자는 이러한 차이점을 통해 건강하지 않은 의식발달 수준에 있는 이들을 위한 영성지도에 있어 영적 지도자가 피지도자에게 주의해야 할 점과 집중해야 할 점에 대하여 구체적으로 분석하며 제시하였다. 앞선 결과에 따라 필자는 인간의 의식발달 수준 성장과 영적 성장과의 상관관계를 고찰하였고, 이에 따라 의식발달 수준에 맞는 차별화된 영성지도의 필요성을 주장함과 동시에 그 대안에 대해 모색하였다.

에니어그램 의식발달 수준에 따라 차별화된 영성지도의 구체적인 방안은 다음과 같다.

첫째, 인간이 건강하지 않은 의식발달 수준 범위에 머물러 있을 경우, 대부분 자신의 외적인 조건에 만족하고 현실에 안주하려는 경향을 가지고 있다. 그뿐만 아니라 건강한 의식발달 수준에 있을 때에 비해 비교적 내적 갈망이 적다는 사실과 관계의 부적절함을 가지고 있다는 사실을 확인하였다. 따라서 필자는 건강하지 않은 의식발달 수준에 머물러 있는 이들을 위한 영성지도는 이들이 자신의 내부에 있는 궁극적 존재와의 만남을 위한 신호를 찾을 수 있도록 하는 적극적인 목회적 돌봄과 병리적인 모습을 극복할 수 있는 전문적인 돌봄이 되어야 한다고 주장하였다. 적극적이고 전문적인 돌봄과 수용이 궁극적 실재에 대한 갈망을 열어가고, 관계를 확대하는 데 도움이 된다는 사실을 확인하였다. 또한 유형별로 나타나는 성격장애의 특징에 대한 연구는 영성지도 과정에서 영적 지도자가 어디에 집중하고 주의해야 하는지에 대하여 알려 주고 있다.

둘째, 평범한 의식발달 수준 범위에 있을 경우, 자신의 주된 에너지와 상호작용하는 다른 에너지 이외에 잘 사용하지 않는 제3의 에너지가 있다는 사실을 확인하였다. 이 수준에서의 불균형은 개발되지 않은 제3의 에너지로 인하여 초래되었다는 사실을 알 수 있었다. 제3의 에너지는 에니어그램의 위축형, 의존형 그리고 공격형에 따라 다르다. 필자는 제3의 에너지 개발이 기본 에너지의 균형을 돕고, 이로 말미암아 자기 인식과 통합을 가능하게 한다는 점을 바탕으로 차별화된 영성지도의 방법을 제시하였다.

먼저 위축형(4, 5, 9유형)을 위한 영성지도는 이들의 제3의 에너지인 본능 에너지를 개발하여 균형을 이룰 수 있다. 본능 에너지의 개발 방법으로는 몸을 움직이며 할 수 있는 걷는 기도, 등산이나 산책 등을 통해 자연을 묵상하는 방법을 제안했다. 의존형(1, 2, 6유형)을 위한 영성지도는 이들의 제3의 에너지인 사고 에너지를 개발하여 균형을 이룰 수 있다. 사고 에너지를 개발하는 방법으로는 사고나 시각에 집중할 수 있는 렉시오 디비나와 이콘을 사용하는 묵상기도 방법을 제안했다. 마지막으로 공격형(3, 7, 8유형)을 위한 영성지도는 이들의 제3에너지인 감정 에너지를 개발, 성장시켜 균형을 이룰 수 있다. 감정 에너지를 개발하기 위해서는 복음서 묵상과 같이 이미지를 묵상하는 영성 훈련 방법을 제안하였다. 이와 같은 제안을 통해 평범한 의식발달 수준 범위에 있는 위축형, 사고형 그리고 공격형의 제3에너지를 개발하는 것이 에너지의 균형을 이루어 영적 성장을 기대할 수 있게 하는 영성지도 방법임을 확인하였다.

셋째, 인간이 건강한 의식발달 수준 범위에 있을 경우에 다른 의식발달 수준 범위에 있을 때보다 구체적으로 자기를 인식할 수 있고, 궁극적 존재의 초대에 응답할 수 있는 힘이 있다는 사실을 확인하였다. 이 범위에서는 건강한 의식발달 수준의 고정화에 관심을 두는 것이 아니라, 자기를 기꺼이 내버려 두는 의지를 통해 절대자를 만나는 데 있다. 건강한 의식발달 수준에서는 새로운 경험 상태에 이를 수 있도록 돕는 관상기도를 제안했다.

이상과 같은 연구를 통해 에니어그램 유형별 의식발달 수준에 따른 영성지도가 인간의 진정한 본성을 적극적이고 구체적으로 회복할 수 있도록 하고, 통전적인 영성을 통해 자기 초월에 이룰 수 있도록 한다는 사실을 강조하였다. 또한 영성지도에 있어 성격 유형이라는 수평적 의미와 의식발달 수준이라는 수직적 의미 통합의 중요성을 강조하였다.

마지막으로 본 연구의 의의와 한계는 다음과 같다.

본 연구의 의의는 첫째로 목회 현장 안에서 심리학과 영성의 조화로운 방법을 모색하여 대안을 제시했다는 데 그 의의가 있다. 역사적으로 심리적 장애와 영적인 장애가 구별 없이 다루어져 왔다. 현대에 이르러서도 개인에게 있어 도덕적 지침과 교회 전통 안에서의 신앙의 뿌리가 있음을 인도받고 있다. 하지만 심리적이고 감정적인 인도를 받지 못하는 경우가 있는가 하면, 반대로 심리적 위로는 받지만 교회 전통 안에서의 도덕적 지침과 신앙의 자리를 잃게 되는 경우가 많음을 본다. 이 두 가지 경우 모두 신앙과 삶이 분리되어 개인의 삶에 영향력을 미치지 못한다는 약점을 가진다. 따라서 전인격적이고 통합적인 본성 회복하기 위한 영성지도는 심리학적 접근과 영적인 접근이 통전적으로 결합하여야 한다. 이러한 입장에서 에니어그램은 개인이 자신의 삶을 해석하는 관점을 이해하는 데 도움을 준다. 또한 에니어그램 유형별 의식발달 수준의 이해와 의식발달 수준에 따른 영성지도 방법은 거짓된 자신의 모습을 인식하고, 자기를 성찰하며 온전한 본성을 회복해 가는데 훌륭한 길잡이가 된다. 에니어그램 유형별 의식발달 수준에 따른 영성지도는 목회 현장에서 심리학적 자기 이해를 통해서 자신의 진정한 본성을 회복하고 절대자를 만나는 영성의 길로 인도한다는데 좋은 대안이 될 수 있다.

둘째, 본 연구는 개인의 의식발달 수준에 따른 구체적인 영성지도 방법과 훈련을 제안했다는 점에서 의의가 있다. 에니어그램 유형별 의식발달 수준 탐색을 통해 각각 절대자를 이해하고 수용하는 모습에 차이가 있다는 사실을 고찰함으로써 좀 더 세분화되고 구체적인 영성지도의 방향을 제시하였다. 인간은 의식발달 수준에 따라 관점과 초점이 다르기 때문에 이에 따른 차별화된 영성지도가 필요하다는 점을 확인하고 구체적 방법을 제시하였다. 에니어그램 유형별 의식발달 수준에 따라 구별된 영성지도는 건강한 의식발달 수준, 평범한 의식발달 수준, 건강하지 않은 의식발달 수준마다 집중하는 관점, 균형의 차이점을 확인하고 영성지도의 방향 제시에 대한 틀을 마련하였다는 데 의의가 있다.

한편, 본 연구가 가지는 한계점과 과제도 있다. 첫째, 에니어그램에 준한 인간의 의식발달 수준을 구별하는 정확한 지표가 없다는 점이다. 인간의 의식발달 수준이 나선형으로 상승과 하강을 반복하며 이동한다는 것을 전제할 때, 의식발달 수준은 어느 한 수준에 머물러 있는 것이 아니기 때문에 정확한 기준 지표를 찾기 어렵다는 한계를 가진다. 지표가 되는 의식발달 수준을 확인하기 위해서는 지속적인 관찰과 성찰이 필요하다는 면에서 정확한 의식발달 수준에 따른 영성지도의 어려움이 있다. 둘째, 에니어그램 유형별 의식발달 수준에 따른 영성지도는 정기적이고 지속해서 이루어져야 한다는 데 그 한계가 있다. 물론 모든 영성지도가 지속적이고 정기적이어야 하지만 목회 현장에서 한 개인에게 집중하여 정기적이고 지속적으로 영성지도하기란 쉽지 않다. 따라서 이러한 한계를 극복하고자 교회의 외적 성장 중심의 목회 패러다임에서 질적 성장 중심의 목회 패러다임의 전환이 필요함을 절감한다. 앞으로의 연구는 이러한 한계점을 극복하고 목회 현장에서 적용 가능할 수 있도록 장기간 한 사람에게 집중되어 있는 영성지도를 보완하여 유형별 의식발달 수준에 따른 집단 영성지도 방안을 연구해야 하는 과제가 남아 있다. 셋째, 구체적이고 세분화된 적용을 위해 에니어그램의 다양한 유형별 의식발달 수준에 따른 영성지도 연구, 즉 다양한 대상자들에 관한 연구가 이루어질 필요가 있다. 다양한 적용 사례를 제시하는 일은 앞으로 목회 현장에서 구체적인 적용하고 연구해야 할 숙제이며 후속 연구해야 할 과제일 것이다.

참고문헌

사전류

김춘경.『상담학 사전』. 서울: 학지사, 2016.

이재훈 역.『정신분석용서사전』. 서울대상관계정신분석연구소, 2002.

철학사전편찬위원회.『철학사전』. 도서출판 중원문화, 2012.

권준수 외 역.『정신장애의 진단 및 통계편람 제5판』. 서울: 학지사, 2015.

한글 단행본

고영순.『페르소나의 진실』. 서울: 학지사, 2007.

권석만.『현대 이상심리학』. 서울: 학지사, 2003.

권석만.『성격심리학』. 서울:학지사, 2017.

김석현.『성공, 행복 & 에니어그램』. 서울: 정교, 2013.

김영운.『에니어그램으로 보는 성서 인물 이야기』. 서울: 삼인, 2013.

_____.『에니어그램: 내 안에 보물찾기』. 서울: 올리브나무, 2007.

김인숙.『버나드 로너간과 영성신학 방법론』. 서울: 가톨릭출판사, 2005.

김화숙.『마음이 나에게 말한다: 에니어그램으로 풀어 본 성격심리학』. 서울: 팬덤
    북스, 2014.

류기종.『기독교 영성』. 도서출판 열림, 1994.

민병배·남기숙.『기대고 싶을수록 두려움이 커진다. 의존성 성격장애와 회피선 성
    격장애』. 서울: 학지사, 2002

민성길.『최신정신의학』. 서울: 일조각, 2015.

박성희.『상담학 연구방법론』. 서울: 학지사, 2014.

박청아.『성격심리학의 이해』. 서울: 교육과학사, 2001.

사미자.『종교 심리학』. 장로회신학대학교 출판사, 1998.

서정오.『오늘부터 시작하는 영성 훈련』. 두란노, 2019.

송지영.『정신증상』. 파주: 집문당, 2010.

신희천·신은향.『공격적이고 폭력적인 그들 반사회적 성격장애』. 서울: 학지사,

2000.

정인석.『자기를 이기는 자는 자유롭다: 구제프의 사상과 가르침』. 서울: 학지사, 2011.

오성춘.『영성과 목회』. 서울: 장로회신학대학교출판부, 1990.

유해룡.『기도체험과 영적 지도』. 서울: 장로교신학대학교출판부, 2009.

윤운성.『에니어그램 명상: 성장과 치유를 위한 학습 힐링』. 서울: 한국에니어그램연구소, 2013.

윤운성.『에니어그램 명상』. 한국청소년리더십진로교육센터, 2013.

_____.『에니어그램과 사회: 세상과 영혼을 치유하기』. 한국에니어그램연구소, 2012.

_____.『에니어그램과 인간관계』. 서울: 한국에니어그램연구소, 2007.

_____.『에이어그램: 이해와 적용.』서울: 학지사, 2003.

윤운성·이지영·조주영.『코칭 워크북(한국형 에니어그램)』. 서울: 한국에니어그램연구소, 2015.

윤운성·조주영·박현경.『에니어그램 진로 지도』. 서울: 한국에니어그램교육연구소, 2012.

윤태익.『나답게: 남과 다른 나를 찾는 자기 발전의 기술』. 서울: 더난출판, 2011.

이강옥.『에니어그램 이야기: 내면의 빛을 향하여』. 서울: 중앙적성출판사, 2004.

이안숙.『나와 상대를 찾아가는 여정: 에니어그램: 아홉 가지 성격유형』. 서울: 홍익기획, 2011.

이병창.『에니어그램을 넘어 데카그램으로: 최초로 밝혀지는 에니어그램의 원형과 비전』. 정신세계사, 2011.

이유남.『정직성과 자유인: 에니어그램을 통한 자아발견』. 대구가톨릭대학교출판부, 2012.

이종식.『성격이 비밀: 에니어그램의 체계적 접근』. 서울: 북랩, 2013.

이종의.『나와 너의 만남 에니어그램』. 서울: 나무의 꿈, 2014.

이훈진·이명원.『열등감과 불신의 그림자 편집성 성격장애』. 서울: 학지사, 2002.

원호택.『이상심리학』. 법문사, 1997.

조옥진.『성격유형과 그리스도인의 영성』. 광주: 생활성서사, 1996.

최정유·박경·서혜희.『이상심리학』(2판). 서울: 학지사, 2006.

황인숙.『몸·마음·영성적 접근법의 에니어그램』. 한국프레이밍연구소, 2013.

_____.『에니어그램: 열굴 안에 숨은 영성과 재주 찾기』. 한국프레이밍연구소, 2013.

한글 번역본

Almaas, A. H./윤운성 외 역.『통합 측면의 신성한 사고의 에니어그램』(*Facets of Unilty: The Enneagram of Holy Ideas*). 서울:한국에니어그램연구소, 2014.

Bakke, Jeannette A./최승기 역.『거룩한 초대』(*Holy invitations: exploring spiritual direction*). 서울: 은성, 2007.

Baron, Reni & Elizabeth Wajelly/주혜영· 김태흥· 김환영 역.『나를 찾는 에니어그램: 상대를 아는 에니어그램』(*Are you my type, am I yours?: relationships made easy through the enneagram*). 연경문화사, 2014.

Barry, William A. & Connolly, William J./김창재·김선숙 역.『영적 지도의 실제』(*The Practice of spiritual direction*). 칠곡: 분도, 2009.

Bartlett, Carolyn S./윤운성·손진희 역.『에니어그램 실제 가이드』(*The Enneagram Field Guide*). 서울: 한국에니어그램연구소, 2013.

Benner, David G./노종문 역.『거룩한 사귐에 눈뜨다』(*Sacred companions*). 서울: IVP, 2007.

Buckley, Suzanne M./권희순 역.『영적 지도와 영적 여정』(*Sacred is the call*). 서울: 은성, 2008.

Capps, Donald/김진영 역.『대죄와 구원의 덕』(*Deadly Sins and Saving Virtues*). 한국장로교출판사, 2018.

_____/문희경 역.『인간발달과 목회적 돌봄』(*Life cycle theory and pastoral care*). 서울: 이레서원, 2001.

Chestnut, Beatrice/이규민 외 2역.『완전한 에니어그램』(*The Complete Enneagram*). 연경문화사, 2018.

Comer, Ronald J. 오경자 외.『이상심리학』(*Fundamentals of Abnormal Psychology*). 시그마프레스, 2017.

Cowan, Marian & John Corrall Futrell/송형민 역.『은총의 동반자』(*Companions in grace*). 서울: 이냐시오영성연구소, 1997.

Duncan, Shanon/윤운성 역.『지금 이 순간을 자각하라: 단계별 지침서』(*Present moment awareness*). 서울: 한국에니어그램연구소, 2012.

Erikson, Erik H./송재훈 역.『유년기와 사회』(*Chilhood and Society*). 고양: 연암서가, 2014.

Fowler, James W./사미자 역.『신앙의 발달 단계』(*Stages of faith*). 한국장로교출판사, 1987.

Frick, Willard B./손정락 역.『자기에게로 가는 여행』(*Personality theories: journeys into self*). 성원사, 1993.

Genia, Vicky./김병오 역.『영적 발달과 심리 치료』(*Counseling and Psychotherapy of Religious Clients*). 대서, 2012.

Gruen, Anselm/김선태 역.『내 삶을 가꾸는 50가지 방법』(*50 rituale fur das leben*). 서울:바로오딸, 2011.

Gurdjieff, G. I./달마 & 풀라 편역.『자기 기억과 자아탐구를 위한 작업』. 서울: 미내사클럽, 2006.

Gurdjieff, G. I/풀라 역.『놀라운 사람들과의 만남』(*Meetings with remarkable men*). 서울:산티, 2012.

Heuertz, Christopher L./이지혜 역.『에니어그램과 영적 성장』(*The Sacred Enneagram*). 서울: IVP, 2019.

Holmes, U.T./김외식 역.『목회와 영성』(*Spirituality for ministry*). 서울: 대한기독교서회, 1988.

Horney, Karen/이희경 역.『신경증적 갈등에 대한 정신분석』(*Our Inner Conflicts*). 서울: 학지사, 2006.

Horney, Karen/김재은·김현옥 역.『갈등의 심리학』(*Unsere Inneren Konflikte*). 서울: 배영사, 2000.

Howell, Joseph Benton/윤운성 외 역.『에니어그램의 깨달음』(*Becoming conscious*). 서울: 한국에니어그램연구소, 2014.

Hurley, Kothy & Theodorre Donson/한국에니어그램 연구소 역.『에니어그램과 함

께 영혼 잠재력 발견하기』(Discover your soul potential). 서울: 한국에니어그램
교육연구소, 2015.

Husserl, Edmund/이종훈 역.『순수현상학과 현상학적 철학의 이념들 1』(Ideen Zu
Einer Reinen Phänomenologie Und Phänomenologischen Philosophie). 파주: 한
길사, 2009.

Jelly, L. A./이훈구 역.『성격심리학』(Personality theories). 서울: 법문사, 1990.

Kaam, Adrian van/정영식 역.『영성적 삶에로의 초대』(Call to the spiritual life). 서울:
형성과학연구회, 1995.

Keating, Thomas/엄무광 역.『관상기도를 통해 하느님께 나아가는 길』(Invitation to
love: the way of Christian contemplation). 서울: 가톨릭출판사, 1999.

_____/엄무광 역.『마음을 열고 가슴을 열고』(Open mind open heart). 가톨릭출판
사, 1999.

Leech, Kenneth/최승기 역.『영성과 목회』(Spirituality and pastoral care). 한국장로
교회출판사, 2000.

Liebert, Elizabeth/이강학 역.『영적 분별의 길』(The way of discernment). 좋은 씨앗,
2012.

_____/최상미 역.『영성지도와 성인발달론』(Changing Life Patterns). 서울: SoHP,
2015.

Loyola, St. Ignatius de/정제천요한 역.『영신수련』(Ejercicios Espirituales). 이냐시
오영성연구소, 2008.

Maitri, Sandra/황지현· 김세화 역.『에니어그램의 영적인 지혜』(The Spiritual Dimension
of The Enneagram). 서울: 한문화, 2016.

Naranjo, Claidio/윤운성 역.『에니어그램 사회』(Eneagrama de la sociedad). 에니어
그램교육연구소, 2012.

Mattone, John/윤운성 외.『지혜 리더십: 에니어그램』(Intelligent leadership). 서울:
한국에니어그램연구소, 2014.

May, Gerald G./노종문 역.『영성지도와 상담』(Care of Mind/Care of Spirit). 한국기
독학생회출판부, 2006.

Merton, Thomas/오무수 역.『명상이란 무엇인가』(What is contemplation?). 서울:

가톨릭출판사, 2004.

Miller, W./백상열 역. 『섀도: 당신 속의 어두운 그림자와 친구가 되라』(*Make friends with your shadow*). 서울:대한기독교서회, 2000.

Mischel, Walter, Yuichi Shoda & Rouald E. Smith/손성락 역. 『통합을 위한 성격 심리학』제7판 (*Introduction to personality: toward an integration*, 7th ed). 서울: 시그마프레스, 2012.

Miserandino, Marianne/정영숙 외. 『성격심리학』(*Personality psychology*). 서울: 시그마프레스, 2013.

Mortz, Mary E./윤운성 · 김은아 역. 『에니어그램의 12단계: 강박의 극복』(*Overcoming Our Compulsions*). 서울: 한국에니어그램연구소, 2012.

Myss, Caroline/정연숙 역. 『영혼의 해부』(*Anatomy of the Spirit*). 서울: 한국문화멀티미디어, 2003.

Ouspensky, P. D./오성근 역. 『위대한 가르침을 찾아서』(*In search of the miraculous*). 파주: 김영사, 2005.

_____/오성근 역. 『구르지예프의 길 』(*In search of the miraculous*). The9, 2012.

Palmar, Helen/윤운성 역. 『핵심 에니어그램 가이드』(*The Pocket Enneagram*). 서울: 한국에니어그램연구소, 2015.

Palmer, Parker J./이종태 역. 『가르침과 배움의 영성』(*To Know as we are known*). 서울: IVP, 2006.

Peck M. S./신승철 · 이종만 역. 『아직도 가야 할 길』(*The Road Less Traveled*). 열음사, 2012.

Rhodes, Susan/한국에니어그램역동심리학회 역. 『통합 에니어그램』(*The Integral Enneagram*). 서울: 학지사, 2016.

Riso, Richard D./권희순 역. 『에니어그램 활용』(*Enneagram Transformations*). 서울: 지와 사랑, 2005.

Riso, Richard D. & Hudson Russ/김순미 역. 『에니어그램 이해』(*Understanding The Enneagram*). 미래를 소유한 사람들, 2016.

_____/윤운성 등 역. 『에니어그램 성격유형』(*Personality Types*). 서울: 학지사, 2013.

_____/구태원 · 도홍차 역. 『성격을 알면 성공이 보인다: 에니어그램 이해』(*Dis-*

*covering your personality typ*e. 서울: 중안 M&B, 2003.

_____/주혜영 역. 『에니어그램의 지혜』(*The Wisdom of the Enneagram*). 서울: 한
문화, 2000.

Rohr, Richard/윤운성 역. 『에니어그램 2』(*Enneagram II*). 서울: 성 바오로 딸. 2012.

_____ & Ebert Audreas/이화숙 역. 『내 안에 접힌 날개』(*Das enneagramm*). 서울:
성바오로딸, 2006.

Rose, Susan/진칠수 외 역. 『긍정 에니어그램 (*The positive enneagram*). 서울: 마음살
림, 2012.

Sims, A./김용식 외 역. 『마음의 증상과 증후: 기술병리학 입문』(*Symptoms in the
mind: an introduction to descriptive psychopathology*. 3rd ed). 서울: 중앙문화사,
2000.

Teresa of Avila/최민순 역. 『영혼의 성』(*Castillo interior*). 서울: 성바오로의딸, 2000.

Wagner, Jorome/김태홍 역. 『성격 심리학: 에니어그램으로 본 아홉 가지 성격유형』
(*The enneagram spectrum of personality styles*). 서울: 파라북스. 2006.

Waker, Steven F./장미경 외 역. 『융의 분석심리학과 신화』(*Jung and the Jungians on
myth*). 서울: 시그마프레스, 2012.

Wilber, Ken/조효남 역. 『감각과 영혼의 만남』(*the Marriage of sense and soul*). 서울:
범양사, 2010.

_____/조효남 역. 『모든 것의 역사』(*A Brief History of Everything*). 파주:김영사,
2015.

_____/김철수 역. 『무경계』(*No boundary*), 정신세계사, 2012.

_____/박정숙 역. 『의식의 스펙트럼』(*The spectrum of consciousness*). 서울: 범양
사, 2006.

_____/정창영 역. 『켄 윌버의 통합비전』(*The Integral Vision*). 파주: 김영사, 2014.

_____/조옥경 역. 『켄 윌버의 통합심리학』(*Integral psychology*). 서울: 학지사,
2008.

_____/조옥경 역. 『감각과 영혼의 만남』(*the Marriage of sense and soul: integrat-
ing science and religion*). 서울: 범양사, 2007.

Wolpert, Daniel/엄성옥 역. 『기독교전통과 영성기도』(*Creating a life with God*). 서

울: 은성, 2005.

Zuercher, Suzanne/김성웅 역. 『에니어그램 동반여정』(*Enneagram companions*). 서울: 다른우리, 2002.

외국어 단행본

Addison, Howard. *The Enneagram and Kabbalah: Reading Your Soul*. Woodstock, Vermont: Jewish Lights Publishing, 1998.

_____. *Cast In God's Image: Discover Your Personality Type Using the Enneagram and Kabbalah*. Woodstock, Vermont: Jewish Lights Publishing, 2001.

Bennet, J. G. *Enneagram studies*. Commbe Springs Press. England. 1993

Bergin, E. & E. Fitzgerald. *The Enneagram: Paths to wholeness Mystic*. CT: Twenty Third Publications, 1998.

Brady, Loretta. *The Enneagram: A Guide To Know Yourself and Understand Others*. Tabor Publishing, 1991.

_____. *Begining Your Enneagram Journey with Self-Observation*. Allen, Texas: Thomas More, 1994

_____. *Finding Yourself On the Enneagram*. Allen, Texas: Thomas More, 1997.

Conn, Walter. *The Desiring Self: Rooting Pastoral Counseling and Spiritual Direction in Self-Transcendence*. New York / Mahwah, NJ: Paulist Press, 1998.

Erikson, Erik H. *Childhood and Society*. NY: W. W. Norton & Company, INC, 1963.

Gurdjieff, G. I. *Views From the Real World*. NY: Penguin Compass, 1984.

Hannan, Peter, SJ. *Nine Faces of God: A Journey of Faith*. The Colombia Press, 1992.

Hurley, Kathy & Theodore Dobson. *My Best Self : Using the Enneagram to Free the Soul*. New York, NY: HarperCollins Publishers, 1993.

_____. *Discover Your Soul Potential: Using the Enneagram to Awaken Spiritual Vitality*. Lakewood, Colorado: WindWalker Press, 2000.

Keen, Sam. *Psychology Today*. Oscar Ichazo and Arica Institute 6, 1973.

Maitri, Sandra & Jeremy P. Tarcher. *spiritual dimension of the Enneagram nine faces of the soul*. Putnam, 2000.

Mischel, Walter. *Introduction to Personality.* Hercourt Brace College Publishers, 1993

Naranjo, C. *Enneagram in Psychotherapy.* Prescott, AZ: Hohm Press, 1995

_____. *Transformation through insight: Enneatypes in life, literature and clinical practice.* Prescott, AZ: Hohm Press, 1997.

Richard, Wood. *Christian Spirituality: Cod's presence through the ages.* Allen, TX: Christian Classics, 1996.

Riso, D. R & Hudson R. *Understanding the enneagram: The practical guide to personality types* (2nd ed). Boston: Hougton Mifflin, 2000.

_____. *Personality Types using the Enneagram for self-discovery.* New York: Houghton Mifflin Company, 1996.

Speeth, K. R. *The Gurdjieff work.* NK: Penguin Putnam Inc, 1989

Sullivan, Rosaleen O'. *Enneagram Dialogs on Prayer.* Bibal Press, 1998.

Zuercher, Suzanne. *Enneagram Spiritualty.* Notre Dame, IN: Ave Maria Press, 1992

외국어 소논문

Bisschops, Anke. "The new spirituality and religious Transforamtion in the Netherlands." *International Journal of Practical Theology.* 19/1 (Jun 2015), 24-39.

Palmar, Helen. "Growing the Enneagram: The Californian Experience." in *All Points Bulletin*, 8 (1995), 10-23.

Schneiders, Sandra. "Theology and Spirituality: Strangers, Rivals, or Partners." *Horzons* 13/2 (1986), 253-274.

학위 논문

박현아. "윌버의 의식 스펙트럼에서 본 에니어그램의 자아 초월적 의미 고찰." 공주 대학교 교육대학원 박사학위, 2008.

신수경. "유아기 자녀를 둔 어머니의 에니어그램 성격유형에 따른 자녀 양육 걱정 과 해소에 관한 연구." 숙명여자대학교 대학원. 박사학위, 2014.

오명숙. "한국형 에니어그램 진로 지도 프로그램이 진로 정체성과 자기 효능감 및 진도 성숙도에 미치는 영향." 선문대학교 대학원. 박사학위, 2015.

윤서연. "에니어그램 성격유형에 기반한 아버지 양육행동 척도 개발." 숙명여자대학교 대학원 박사학위, 2016.

이수진. "유아기 어머니의 에니어그램 성격유형별 놀이상황에서의 대화의 특성." 숙명여자대학교 대학원 박사학위, 2015.

이순자. "구르지예프, 베어 및 리소의 에니어그램 비교." 창원대학교 대학원 박사학위, 2003.

이영민. "기독교 영성 훈련 집단프로그램에 관한 연구(에니어그램 영적 성숙을 위한 12단계 중심으로)." 경성대학교 대학원. 박사학위, 2015.

이정화. "유아기 자녀를 둔 어머니의 에니어그램 성격유형에 따른 삶의 덫 연구." 숙명여자대학교 대학원. 박사학위. 2015년.

이한영. "켄 윌버의 의식 진화론적 통전사상 연구." 감리교신학대학교 대학원 박사학위, 2007.

조훈성. "보건교사의 에니어그램 성격유형에 따른 직무스트레스 및 대처방식의 차이." 인제대학교 교육대학원 박사학위, 2014.

최진태. "사티어 변형체계 치료와 에니어그램에 기반한 경험적 집단치료 프로그램 효과 연구." 서남대학교 대학원 박사학위, 2014.

한글 소논문

강다연. "인간원형과 만다라 상징에 대한 고찰." 「수산해양교육연구」 30권 1호 (한국수산해양교육학회, 2018): 86-97.

강미정. "에니어그램 집단 프로그램이 정신질환자의 자아 존중감 대인관계 및 전반적 기능에 미치는 영향." 「정신간호학회지」 24권 2호 (2015): 116-126.

권용근. "인간발달과 영적 지도." 「신학과 목회」 35(5) (영남신학대학교, 2011): 273-302.

권희순. "영성과 심리학의 만남: 정신종합(psychosynthesis)을 중심으로." 「신학과 세계」 54호 (감리교신학대학교출판부, 2005 겨울): 332-361.

김명수·윤운성. "에니어그램 성격유형 에너지수준에 따른 대학생들의 스트레스 상황. 학교생활장애 및 대처방식에 관한 연구." 「에니어그램연구」 6월 (한국에니어그램학회, 2011): 37-62.

김명수. "가정폭력행위자들의 에니어그램 성격유형 에니지 수준에 따른 대처방식 에 관한 연구." 「에니어그램연구」 6권 1호 (한국에니어그램학회, 2009): 31-64.

김새한별. "에니어그램과 유대신비주의." 「에니어그램연구」 2권 2호 (한국에니어 그램학회, 2005): 215-244

김영운. "온전함의 영성과 에니어그램(3)] 영성의 길, 성령과 함께 가는 사람들." 「기 독교사상」 50권 3호 (2006): 280-287.

_____. "온전함의 영성과 에니어그램] 에니어그램, 자아발견의 여로." 「기독교사 상」 565권 1호 (2006): 272-278.

김주영 · 김세곤. "유아기 어머니 에니어그램 성격유형에 따른 양육감정에 관한 연 구." 「한국가족복지학」 19권 3호 (2014): 573-598.

김혜경. "에니어그램 6번유형 격정 다스리기." 「질적연구」 15권 1호(질적연구학회, 2014): 64-77.

박영은. "게오르기 구르지예프의 철학과 수행에 내재된 유라시아적 특성 연구." 「슬 라브학보」 28권 1호 (한국슬라브학회, 2013): 77-108.

박차실 외. "에니어그램을 활용한 알코올 의존자의 심리적 특성." 「중독정신의학」 17권 1호 (한국중독정신의학회, 2013): 38-45.

박현경 · 권은시. "에니어그램과 정신건강: 만성질환자의 에니어그램 성격유형 의 식(발달)수준. 통합과 분열 및 삶의 만족도의 관계를 중심으로." 「에니어그램연 구」 9권 2호 (한국에니어그램학회, 2012): 189-213.

백형기. "통전적 목회를 위한 에니어그램 영성 수련 적용 연구." 「대한에니어그램 학회지」 1권 1호 (대한에니어그램영성학회, 2012): 35- 39.

신현욱. "치유의 기호학적 함의;찰스 샌더스 퍼스와 에릭 에릭슨의 논의를 중심으 로." 「목회와 상담」 26권 0호 (2016): 177-202.

오방식. "기도에서 일어나는 분심의 긍정적 역할에 대한 연구: 무지의 구름을 중심 으로." 「장신논단」 27권 0호 (장로회신학대학교 기독교사상과 문화연구원, 2006): 229-251.

오현수 · 김향선. "간호대학생의 에니어그램 성격유형과 발달 수준 비교연구." 「에 니어그램 연구」 2권 2호 (한국에니어그램 학회, 2006): 63-91.

유진주. "나를 깨우는 에니어그램." 민주화운동기념사업회. 「시민교육」 7호. (2012): 32-37.

유재경. "왜 이 시대에 기독교 영성인가?" 「신학과 목회」 35호. (2011): 245-272.

유해룡. "영성지도의 필요성과 실천적 제안." 「장신논단」 18, (장로회신학대학교 기독교사상과 문화연구원, 2002): 425-446.

윤운성. "에니어그램 통합적 접근." 한국에니어그램학회. 「에니어그램 연구」 4권 2호 (2007): 115-133.

_____. "에니어그램 분석적 고찰과 과제." 「에니어그램 연구」 1권 2호 (한국에니어그램 학회, 2004): 9-32.

_____ · 임형택 · 박현주. "에니어그램 영성 명상 프로그램 탐색 연구 개발." 「에니어그램 연구」 10권 2호 (한국에니어그램 학회, 2013).

_____ · 이지영 · 조주영 · 최정혜. "행복 더하기 에니어그램 코칭 프로그램 개발." 「에니어그램 연구」 10권 2호 (한국에니어그램학회, 2013): 141-163.

_____ · 조주영 · 박현경. "에니어그램을 활용한 진도지도 프로그램개발의 시안연구." 한국에니어그램 학회. 「에니어그램 연구」 8권 2호 (2010): 77-109.

윤천성 · 김미선. "에니어그램에 근거한 어머니의 성격유형과 양육태도의 관계." 「에니어그램 연구」 5권 1호 (한국에니어그램학회, 2008): 9-35.

이강학. "기독교 영성학 방법론과 그 적용: 샌드라 슈나이저와 GTU의 기독교 영성 박사과정의 경우." 「한국기독교신학논총」 102권 (2016): 221-245.

이광자 · 손봉희. "에니어그램 프로그램이 만성질환자의 자아개념, 역할기능, 삶의 만족도에 미치는 영향." 「간호과학」 18권 1호 (2006): 9-21.

이금만. "개혁형을 위한 신앙교육." 「기독교교육」 통권 473호 (2009): 80-85.

_____. "협력형을 위한 신앙교육." 「기독교교육」 통권 474호 (2009): 96-99.

_____. "성취형을 위한 신앙교육." 「기독교교육」 통권 475권 (2009): 70-81.

_____. "도전형을 위한 신앙교육." 「기독교교육」 통권 475호 (2009): 95-100.

_____. "영적 지도와 교육." 「기독교교육」 통권 426호 (2005): 18-23.

이미련. "에니어그램 연구 게재 논문 분석을 통한 에니어그램 연구 동향: 창간호에서 2013년도까지." 「에니어그램연구」 11권 1호 (한국에니어그램학회, 2014): 103-119.

_____. "에니어그램 영성 관련 국내연구 분석." 「에니어그램연구」 7권 1호 (한국
에니어그램학회, 2010): 107-120.

이정화. "에니어그램 성격유형에 따른 보육교사 방어기제 특성에 관한 연구." 「한
국가족복지학」 19권 2호 (한국가족복지학회, 2014): 255-278.

이종의. "에니어그램의 심신치유적 적용: (에니어그램과 마음챙김을 통한 심신치
유적 관련)." 「한국정신과학학회지」 16권 2호 (2012): 9-26.

_____. "에니어그램의 심신치유적 적용: 에니어그램과 마음챙김을 통한 심신치
유적 관련." 「학술대회논문집」 (한국정신과학회, 2013): 74-89.

이은하. "에니어그램 성인용 성격검사를 활용한 성인인성 패턴에 관한 연구." 「에
니어그램심리역동연구」 1권 1호 (2014): 1-24.

이은하·이양선. "자아의식현상과 에니어그램 심리역동에 관한 상담모델 연구." 「에
니어그램심리역동연구」 1권 1호 (한국에니어그램심리역동학회, 2014): 225-
247.

이은하·이양선. "에니어그램심리역동현상에 의한 머리중심 유혁별 질적 연구." 「에
니어그램심리역동연구」 1권 2호 (한국에니어그램심리역동학회, 2015): 1-35.

임희숙. "에니어그램의 영성 - 그 의미와 실천." 「에니어그램학회지」 통권 4호 (대한
에니어그램영성학회, 2015): 5-17.

정용구. "에니어그램심리역동체계를 활용한 치유적 접근에 관한 연구." 「에니어그
램심리역동연구」 2권 1호 (한국에니어그램심리역동학회, 2015): 111-130.

정용구. "기독교 영성과 에니어그램의 상관성 연구." 「에니어그램심리역동연구」 1
권 1호 (한국에니어그램심리역동학회, 2014): 199-223.

조정운·송정아. "에니어그램 발달 수준이 결혼적응과 결혼만족에 미치는 영향." 「에
니어그램연구」 1권 2호 (한국에니어그램학회, 2004): 105-123.

조주영. "에니어그램 성격유형 분석." 「에니어그램연구」 3권 2호 (한국에니어그램
학회, 2006): 37-61.

_____·차윤희. "에니어그램 발달 수준과 관련된 개인. 가족 요인." 「에니어그램연
구」 5권 2호 (한국에니어그램 학회, 2008): 41-64.

지미선. "에니어그램 성격유형에 따른 직무 스트레스 및 대처방식." 「에니어그램연
구」 5권 1호 (한국에니어그램학회, 2008): 83-107.

최진태·이정원. "에니어그램에 기반한 사티어 가족치료프로그램이 중년기 여성의 일치성과 자기 존중감 향상에 미치는 효과 연구." 「에니어그램연구」 11권 1호 (한국에니어그램학회, 2014): 175-206.

처재숙. "중년기 자아통합을 돕는 목회 상담적 도구로서 에니어그램 활용에 관한 연구." 「에니어그램연구」 8권 1호 (한국에니어그램학회, 2011): 63-92.

하영지·이영순·천성운. "에니어그램 성격유형을 활용한 가톨릭 교회 여신도들의 영적자아 발견에 관한 체험분석." 「상담학연구」 6권 3호 (한국상담학회, 2005): 1071-1085.

황임란. "에니어그램의 발달 수준과 윌버의 의식 수준에 대한 연구." 「에니어그램연구」 10권 2호 (한국에니어그램학회, 2013): 79-101.

_____. "에니어그램과 의식의 발달 수준." 「명상심리상담」 16권 0호 (한국명상심리상담학회, 2016): 10-18.

_____. "에니어그램과 상담." 「에니어그램연구」 14권 2호 (한국에니어그램 학회, 2017): 7-33

허예라·이금호. "의학과 학생들의 에니어그램 성격유형. 스트레스와 발달 수준 분석." 「한국의학교육」 23권 3호 (한국의학교육학회, 2011): 175-184.

홍영택. "의지(意志)의 종교적 복종." 「神學思想」 180 (2018): 185-222.

에니어그램 의식발달과 영성지도
— 제3의 에너지를 찾아서

2020년 6월 1일 초판 1쇄 인쇄
2020년 6월 8일 초판 1쇄 발행

지은이 | 한선이
펴낸이 | 김영호
편 집 | 김구 박연숙 전영수 김율 디자인 | 황경실
펴낸곳 | 도서출판 동연
등 록 | 제1-1383호(1992. 6. 12)
주 소 | 서울시 마포구 월드컵로 163-3
전 화 | (02)335-2630
전 송 | (02)335-2640
이메일 | yh4321@gmail.com

ISBN 978-89-6447-586-7 03300